Dany Laferrière

Les années 80 dans ma vieille Ford

Collection Chronique

Mémoire d'encrier

Direction artistique : Etienne Bienvenu
Conception graphique : Salah Amrane
Couverture : Johanne Assedou
Dépôt légal : octobre 2005
© Mémoire d'encrier & Dany Laferrière, quatrième trimestre 2005

Catalogage avant publication de Bibliothèque et Archives Canada
Laferrière, Dany
    Les années 80 dans ma vieille Ford
    (Chronique)
    Comprend des réf. bibliogr.
    ISBN 2-923153-49-9
    1. Laferrière, Dany. 2. Haïti. 3. Haïti - Émigration et immigration. 4. Amérique du Nord. I. Titre. II. Titre: Années quatre-vingt dans ma vieille Ford. III. Collection: Chronique (Montréal, Québec).

PS8573.A348Z47 2005   C843'.54 C2005-941937-7
PS9573.A348Z47 2005

Nous reconnaissons le soutien du Conseil des Arts du Canada  Conseil des Arts du Canada

Mémoire d'encrier
554, rue Bourgeoys, H3K 2M4
Tél.: (514) 989-1491
Fax: (514) 938-9217
info@memoiredencrier.com
www.memoiredencrier.com

Distribution

Québec/Canada
Diffusion Dimédia
539. boul. Lebeau
Saint-Laurent (Québec)
H4N 1S2
general@dimedia.qc.ca
Tél.: (514) 336-3941
Fax: (514) 331-3916

France/Europoe
Ici & Ailleurs
11, route de Sainte-Anne
13640 La Route d'Anthéron
France
info@ventsdailleurs.com

Caraïbes
Librairie Alexandre
29, rue de la République
97200 Fort-de-France
Martinique
Tél.: (0596) 714108
Fax: (0596) 631241

Haïti
Communications Plus
B.P. 13205
Delmas, Haïti
HT 6120
compulsa@yahoo.com

Du même auteur
Romans

Comment faire l'amour avec un nègre sans se fatiguer, Montréal, VLB, 1985.
Éroshima, Montréal, VLB, 1987.
Le Goût des jeunes filles, Montréal, VLB, 1992, nouvelle édition augmentée : Paris, Serpent à plumes, 2005 ; Paris, Grasset, 2005.
Cette Grenade dans la main du jeune nègre est-elle une arme ou un fruit?, Montréal, VLB, 1993 ; nouvelle édition augmentée : Paris, Serpent à Plumes, 2002 / Montréal, VLB, 2002.
Chronique de la dérive douce, Montréal, VLB, 1994.
Pays sans chapeau, Outremont, Lanctôt, 1996.
La Chair du maître, Outremont, Lanctôt, 1997.
Le Cri des oiseaux fous, Outremont, Lanctôt, 2000.

Récits

L'Odeur du café, Montréal, VLB, 1991.
Le Charme des après-midi sans fin, Outremont, Lanctôt, 1997.
Je suis fatigué, Vincennes, Les Librairies Initiales, 2000

Entretiens

J'écris comme je vis, entretien avec Bernard Magnier, Outremont, Lanctôt, 2000.

Dany, quand il n'était pas Laferrière

Pourquoi écrivez-vous? «Pour me surveiller», répond Dany Laferrière, en ce dimanche de printemps 2005. Il a dû reprendre instinctivement la formule de Borges. Dany ignore que je le surveille également ce matin-là. Je fouille dans sa bibliothèque, très vite je repère quelque chose qui a l'air d'un livre à venir. Le jeune Nègre assagi paraît avoir oublié la guerre. Même le souvenir des grenades. Jamais l'histoire ne ment ni ne prête à oubli. De vieux journaux, jaunis par le temps, rangés dans une chemise rouge, poussent leur nez sous le classeur, et semblent dire «sauve-nous de l'oubli».

Je découvre avec un certain étonnement ces vieilles pages où je retrouve les chroniques d'un Laferrière que l'on ne connaît guère. Celui qui a commencé par le journalisme, et à qui la direction de l'hebdomadaire *Haïti-Observateur*, journal haïtien de New York, avait donné carte blanche de 1984 à 1986. Dany, quand il n'était pas Laferrière. C'était un jeune homme curieux qui portait en lui la soif du monde. Il courait l'Amérique, et voulait, dans la prose de la route, faire son Transsibérien, cassant tout sur son passage: les barrages, les trains, les alcools... un Dany rock, avec cette musique métissée à la recherche des timbres inhabituels et expressifs. Ce Dany d'avant *Comment faire l'amour avec un nègre sans se fatiguer*, avant que ne le surprenne comme un malentendu une soudaine notoriété.

À Port-au-Prince, encore au collège, mes camarades et moi, nous nous passions ces quelques pages du journal comme un code secret. C'était au temps de la dictature des Duvalier. On lisait Dany avec passion. On exaltait la distance passionnée de ce jeune homme qui avait un ton auquel on était peu habitué; son côté désinvolte et franc-tireur nous a fait comprendre que l'on pouvait écrire sans un *Petit Robert* attaché autour du cou. On aimait cette liberté de mouvement, ce regard impudent, ces phrases brusques. On entrevoyait dans ces récits de vie notre Amérique à nous. On avait l'illusion que l'Amérique, avec son vaste territoire, nous appartenait, et qu'un jour, la vieille Ford accueillerait notre exil. On en rêvait tous. Aller là-bas sur ces routes. Faire notre apprentissage du monde et de nous-mêmes. Bousculer notre propre horizon.

L'idée de ce livre est venue avec le souvenir de mes camarades de classe. Et aussi avec la réticence d'un auteur qui n'écrit plus. La source du Nil est peut-être un ruisseau, mais c'est le ruisseau qui alimente le Nil. « Pourquoi ne pas recycler ces chroniques et en faire un livre ? », dis-je. Mon ami Laferrière cède : « Faites-en ce que vous voulez ». Voilà le livre, les chroniques de vie, de route, de l'auteur qui avoue écrire comme il vit. Des photographies de l'époque ont soutenu la pertinence du propos. Voilà le livre : *Les années 80 dans ma vieille Ford*, choix de chroniques auquel l'auteur a ajouté « Une série d'instantanés », suite de textes courts qui à la fois éclairent et enracinent le propos.

Lecteurs et chercheurs se sont penchés sur la série romanesque de l'autobiographie américaine et ont parfois oublié l'appel de la vie quelque peu ordinaire. Cet appel du temps migrant, fait souvent de gestes élémentaires. La présence obsessionnelle de la nourriture. Les rires et les larmes. La vie et la mort. Une vie d'avant. Simple. Parallèle. L'imagerie de la débrouille. Sans maquillage ni mensonge. Sans séduction. Une vie haïtienne, qui, une fois transfigurée par le récit, est projetée dans la fiction, ou bien au cinéma.

Ces chroniques ramènent au commencement du geste d'écrire, à l'enfance de l'art. Dans l'hésitation des procédés. Ces chroniques, bien qu'écrites à la hâte, *Les années 80 dans ma vieille Ford*, constituent un témoignage de première main sur les vagues migratoires haïtiennes. Elles étaient souvent rédigées dans l'urgence. Le délit n'est ici ni d'ordre orthographique ni d'ordre syntaxique. Il est plutôt dans l'audace de ce jeune homme qui a su regarder ces milliers d'Haïtiens, simples, pauvres. Ces gens qui vont à leur manière conquérir l'Amérique, une Amérique des bas-fonds, des usines, et des hôpitaux. C'est de cette conquête-là qu'il s'agit.

Le livre met en place non pas une citadelle, mais un village Laferrière, situé quelque part sur la vaste carte de l'Amérique ; et les personnages prennent forme naturellement dans ces chroniques comme dans ce village. On les retrouvera plus tard dans les romans de Laferrière, avec leur côté pragmatique et ahurissant, nourrissant un sens du réel à toute épreuve, des protagonistes à qui on a appris le sens de la dignité et l'instinct de la conquête. Comme dans « Le sourire de la cuisinière » ou dans « Identité : Mort d'homme ».

Les chroniques annoncent l'œuvre de Laferrière; les figures occurrentes de l'autobiographie américaine sont déjà en place. L'imagerie aussi. La part sacrée du quotidien. Le parti pris des gens modestes. Le fou rire contre la folie. L'art du portrait. Le pari des mots simples et des phrases brèves. La syntaxe économe. Le style libertaire. Le refus du grand récit. Le refus de la tragédie à bon marché. Comme cette manière de ventiler le temps, d'inscrire le récit dans son présent, dans l'absolu du fait. Puis, les êtres en accord avec les choses. Cette manière d'être écrivain dans une image familière et familiale, de prendre la route, de s'abandonner dans sa baignoire, de faire la fête avec ses amis, d'avoir tort et de douter, d'être chez son coiffeur, de déambuler dans les rues de Montréal, de jouer avec sa fille; cette manière d'être dans l'écriture comme dans son quotidien, et d'en parler.

On a repéré dans ces récits de vie le bourlingueur qui, à l'école du journalisme, a vite compris que la vie était dans les images. Les images vivantes. La bicyclette rouge. Les chauffeurs d'autobus. Les douaniers. Les camps de réfugiés. Le soleil de Miami. Les odeurs de Petit-Goâve. Les rues de Montréal. Il y a ici la pertinence des choses et des êtres. Voilà l'apprenti Laferrière, qui cherchait l'angle secret de l'Amérique qu'il confond souvent avec sa ville natale. En ce sens, le livre pourrait s'intituler *Le village Laferrière*: histoires d'amour, d'amitié, de vie. C'est également le pari d'un citoyen, qui n'est jamais pris à défaut de lui-même, et de sa vérité.

Les années 80 dans ma vieille Ford: le livre vaut ce qu'il vaut. Un coup de rire comme un coup de rhum. L'audace du mouvement. L'imaginaire de la débrouille d'une communauté. Le recadrage de l'écriture migrante. La reconquête de soi. Lisez en filigrane ces chroniques, vous y trouverez les esquisses d'une œuvre qui, il y a vingt ans, a démarré sans trop de bruit dans les colonnes d'un journal. La vérité est qu'encore aujourd'hui, ces textes, écrits assurément sans prétention, parlent un langage singulier, et aident à comprendre la migration haïtienne, ses paris, ses espoirs et ses illusions.

Rodney Saint-Éloi
Montréal, octobre 2005

Une série d'instantanés

1

Je travaillais à Port-au-Prince vers le milieu des années 1970 dans un hebdomadaire politico-culturel *Le Petit Samedi Soir* qui réunissait des jeunes gens dans la vingtaine dynamiques, courageux, curieux. Le but non avoué était de brosser un portrait différent de la société haï-tienne.

Jean Price-Mars

L'image d'Haïti que nous avions à l'époque était plutôt floue et quelque peu dépassée. On avait encore cette vieille photo de Jean Price-Mars (1876-1969) avec son magistral *Ainsi parla l'oncle* (1928) qu'on se passait depuis quelques générations de main en main. À force de se faire tripoter, elle avait perdu de sa force. Jacques Roumain et Jacques Stephen Alexis, deux écrivains majeurs (et communistes), ont tenté de capter de nouvelles images du pays, mais à part ce vernis marxiste et un romantisme un peu larmoyant, surtout du côté de Roumain, ils se contentaient de puiser dans l'album du vieil oncle. Mes copains et moi, nous avions voulu utiliser un appareil bon marché, genre polaroïd, pour sillonner le pays en photographiant à l'aveuglette. C'est qu'on se méfiait de ce lyrisme de l'époque qui pouvait rendre le pays plus beau ou plus laid qu'il ne l'était en réalité. En bref, on écrivait mal, mais vite. Tentant ainsi de se mettre en parfaite symbiose avec le paysage humain. Mais le pouvoir (tous les pouvoirs, car c'est un pays où les pouvoirs parallèles — la bourgeoisie, l'église, le commerce — peuvent être plus puissants que l'État) nous surveillait de près, et savait intervenir parfois brutalement. C'est ainsi que le plus intrépide d'entre nous, le chroniqueur Gasner Raymond, tomba (on était, d'une certaine manière, au front) à Braches, près de Léogâne, le 1ᵉʳ juin 1976. Il avait vingt-trois ans. Moi aussi. Nous étions tous nés au début des années 1950. Sa mort me poussa à l'exil. J'ai raconté cette aventure dans un de mes romans *Le cri des oiseaux fous*

(Montréal, Lanctôt, 2000). En effet, je nous voyais comme des oiseaux fous voletant dans une cage. C'est cela une île. On n'en sort pas. Deux issues possibles : la mort ou l'exil. Gasner Raymond meurt, et je quitte Haïti.

2

J'arrive à Montréal, en plein été, durant les jeux olympiques de 1976. Les jeux où la petite gymnaste Nadia Comaneci rafla la note parfaite. Ce n'était pas un simple voyage. J'avais quitté Haïti contre mon gré, au moment où je commençais à vraiment connaître le pays. J'étais en colère. Mais en même temps j'étais trop curieux pour ne pas tenter l'aventure de plonger dans ce nouveau fleuve. En effet, tout me semblait si nouveau : le paysage, les gens, les manières, les bruits, la nourriture. Là, je n'avais pas encore vu la neige, ni même mangé du pâté chinois (un plat inconnu des Chinois). Mais vous savez, un nouveau pays ne s'apprivoise pas de manière cérébrale de même qu'on n'apprend pas à nager en lisant un manuel sur la natation, le mode d'emploi, c'est d'arpenter ses rues, de converser avec les gens. Et surtout d'éviter le confort du ghetto. Cet apprentissage se fait beaucoup plus par les sens que par l'esprit. Les gens débarquent dans un pays, tout de suite ils vous demandent l'adresse d'un restaurant où ils pourront manger la bouffe de leur pays d'origine. Je sais que les habitudes alimentaires sont tenaces, mais c'est dans les premiers jours qu'on prend les mauvais plis. C'est ainsi que j'ai commencé, pour arpenter la grande ville, par éviter les quartiers où s'étaient réfugiés massivement les immigrants. Je n'étais pas un marginal à Port-au-Prince, pourquoi le deviendrais-je ici ? Me voilà alors sur la rue Saint-Denis, en plein cœur du quartier latin de Montréal. C'est la zone des artistes et intellectuels de gauche, ce qui était un peu mon univers en Haïti.

3

J'ai trouvé un petit appartement crasseux mais lumineux, tout près d'un minuscule parc: le Carré Saint-Louis. C'est là que j'ai commencé à écrire un premier roman que je perdrais au moment d'un déménagement. Il m'a fallu quitter tout de suite cet appartement parce que j'en avais trouvé un autre plus grand et moins cher sur la rue Saint-Hubert, derrière la gare centrale. Des copains étaient venus m'aider. On buvait tout en empaquetant les livres dans les boîtes (je n'avais que des livres, deux chaudières, une casserole, quelques verres à vin, mes vêtements, et un tas de bouquins achetés dans des librairies où l'on vendait des livres d'occasion). Le vrai motif de cette précipitation c'est que ce nouvel appartement disposait d'une grande baignoire rose, ce que je n'avais pas à Saint-Denis. Ceux qui n'habitent pas une grande ville peuvent ignorer l'importance de la baignoire dans la vie d'un citadin constamment agressé par des bruits, des odeurs et des sirènes. C'est une forme d'oasis. On fait couler le bain, on place une pile de livres à côté, une bouteille de mauvais vin, le voyage peut alors commencer. On lit, on rêve. L'eau me ramenait toujours sur mon île et dans mon enfance. À ce moment-là, je n'avais besoin de personne. J'appartenais à ce monde rond et lent: l'univers aquatique. La baignoire c'est la mer moins les requins. L'océan privé. On se demande comment un Antillais peut comparer la mer à une baignoire. Eh bien, c'était cela ou rien. Je n'allumais pas, je laissais le soir entrer doucement dans la salle de bains.

4

Entre-temps, il a fallu bien manger. Alors commençait la ronde des petits boulots à salaire minimum. L'hiver terriblement long et glacial. Et la solitude. Des fois, je me mettais à rêver au vieux vent Caraïbe, et à ce soleil implacable qui vous défie de traverser le Champ de Mars (la grande place au centre de Port-au-Prince) vers deux heures de l'après-midi à n'importe quelle saison. Mais ici, il y a le même soleil, il peut être aussi chaud si on le regarde derrière la vitre du salon, mais ce n'est pas une raison pour aller torse nu chercher quelque chose dans la voiture en février. J'apprenais à connaître ma nouvelle tanière. Le nom du métro le plus proche de chez moi (Berri), le numéro de mon autobus, l'emplacement de l'épicier, la pizzeria du coin où il y a une jolie fille derrière la caisse. Et ce nouveau langage. Il y a la langue et le langage. La langue c'est le français, avec un accent différent du mien, mais le langage c'est tout le bagage culturel d'un peuple dans chacun des gestes de votre interlocuteur. La première chose que j'ai apprise c'est qu'ici, contrairement à Haïti, on ne touche pas les gens en leur parlant. Je le faisais spontanément, ce qui les rendait mal à l'aise. L'autre chose, c'est l'espace. Éviter de pénétrer dans l'espace privé des gens. Contrairement à Port-au-Prince une ville surpeuplée où on a l'habitude de se frotter (ces foules compactes au carnaval), Montréal est construite sur un vaste territoire, alors l'espace privé des gens est plus grand. Et naturellement, le temps. Prenons une journée: ici on dit bonjour presque jusqu'à la tombée de la nuit, alors qu'en Haïti, passé midi, on dit bonsoir. Je me baladais dans les rues, l'esprit en éveil afin de capter le moindre geste neuf.

5

Vous vous souvenez, j'avais perdu mon roman au cours du dernier déménagement. Comment? La benne à ordures, voyant ces pauvres cartons sur le trottoir, a pensé que c'était pour elle. Quand nous avons constaté le désastre, il était déjà trop tard. On a fait quand même le tour du pâté, mais point de camion (ce camion dont le ronflement est si typique). Mon roman perdu? Je ne désespère pas de le voir réapparaître un jour (le titre: *Les paradis bordels*). L'idéal serait que quelqu'un le trouve, change le titre et le publie sous son nom. Voilà une situation que j'aurais adorée. Si cela arrive, je vous conseille de ne pas réagir. De toute façon, je ne sais pas si j'ai envie de reconnaître cet enfant. Les années ont passé, et peut-être qu'il ne me ressemble plus. La honte serait de découvrir en librairie un mauvais roman sous votre nom, c'est ce qu'on réserve aux morts quand on publie leur fonds de tiroir. Hemingway, Miller, Dumas, Camus ont subi cet affront. Le roman posthume. Le bien de la veuve. Michelet parle quelque part de «veuves abusives». Comme ce roman se passait à Port-au-Prince, je me suis dit que c'était peut-être un signe du destin, de ce destin qui m'interdisait de débuter avec un livre nostalgique comme le font généralement les écrivains en exil. Justement, il me fallait éviter de tomber dans le piège de l'exil. L'exil est la punition que vous inflige un pouvoir autoritaire, et je ne considère pas le dictateur comme mon père. Quand on était enfant, la maîtresse nous envoyait au coin, face au mur, parce qu'elle nous trouvait insolents ou parce qu'on bavardait trop. C'est un peu cela l'exil (le journaliste est toujours insolent et trop bavard pour le dictateur), sauf que cet exil dure beaucoup plus longtemps que la punition de la maîtresse. Si on s'occupe assez (je ne parle surtout pas de se perdre dans un quelconque boulot – ne travailler que si c'est nécessaire), on risque simplement d'agrandir son univers et de retrouver le vif plaisir enfantin de la découverte. Ce sera un pied de nez au dictateur qui n'avait, semble-t-il, pas d'autre but dans la vie que de nous rendre malheureux.

6

J'ai parlé de la terrible solitude des premiers temps, surtout pour ceux qui sont arrivés seuls. Mais il y a aussi cette enivrante liberté. Pour la première fois de ma vie, je me retrouvais face à moi-même dans une pièce silencieuse. Seul avec ma machine à écrire. C'est ainsi que j'ai appris à faire à manger. Un ami m'a expliqué comment préparer le riz. Cela me semblait bien facile, mais la première fois que j'ai tenté l'aventure tout seul, j'avais oublié de mettre de l'eau dans la chaudière. C'est normal, j'ai été élevé dans une culture où un garçon n'avait même pas le droit d'entrer dans une cuisine. Je pouvais bien faire des dissertations, mais pas me préparer à manger. Ou laver mon linge. Ou même faire mon lit. J'étais nul pour ce qui touchait à la vie quotidienne. Cette vie quotidienne qui ne nous lâche pourtant pas une seconde. On peut ne pas écrire, mais on doit manger pour vivre. Déjà c'était un record si je ne perdais pas la clé de mon appartement. Ce qui m'était arrivé au moins une fois par semaine, au tout début. Et le concierge

de la rue Masson me le faisait payer cinq dollars à chaque fois. Cela ne m'était jamais venu à l'esprit d'en faire des copies. Trop irresponsable. Mais j'apprenais au moins une chose par jour. Je sortais beaucoup, car Montréal est une ville bourrée de musées, de bibliothèques, de parcs, de cafés. Et le soir, j'allais dans les boîtes de l'avenue du Parc. J'y allais après 11h00 pour retrouver les copains. On ne buvait pas (à peine une bière), on dansait rarement, mais on observait. La nuit, on apprend beaucoup de choses sur une société. Le jour, les gens se contrôlent plus. Les chouettes sont plus enclines au partage que les aigles. Les types se tenaient près des toilettes afin d'inviter les filles qui en sortaient. Les conversations tournaient autour des voyages. Car les gens de nuit sont surtout ceux qui aiment bouger sur la planète. J'observais et je notais tout sur un calepin noir (je l'utilise en ce moment pour retrouver les souvenirs de cette époque).

7

Dès que je recevais mon salaire hebdomadaire (je travaillais à ce moment-là dans une petite usine où l'on fabriquait des lampes de bois), j'allais dans un de ces restaurants grecs de la rue Prince-Arthur où l'on pouvait apporter son vin. La mode d'apporter son vin au restaurant venait d'être lancée. Comme ça, je ne mangeais pas seul. Les conversations des autres clients me réchauffaient en quelque sorte. Car il n'y a rien de pire que de manger seul dans sa cuisine, surtout si l'on vient comme moi d'une maison aussi animée dans une ville surpeuplée. La solitude peut vous couper l'appétit.

Si manger seul m'attristait, par contre j'adorais dormir. Je rentrais du travail, les yeux déjà fermés. Et je tombais, tout habillé, dans mon lit. Un jour, un ami me surprend en train de ronfler, un samedi vers 2h00 (on ne ronfle pas en faisant la sieste).

— Tu sais ce qui t'arrive, mon vieux?
— Non.
— Tu fais une dépression...

— Comment cela... Au contraire, je ne me suis jamais senti aussi bien. Le sommeil me calme.

— C'est pire que je le croyais alors... Je sais parce que ça m'était arrivé aussi... Tu dors parce que tu veux rêver d'Haïti, et tu te sens bien quand tu rêves d'Haïti. C'est cela?

— J'ai dû admettre que c'était exactement mon cas.

— Eh bien, si tu ne te secoues pas rapidement, tu risques de basculer, mon vieux, dans une ville qui n'est ni Port-au-Prince ni Montréal.

— Ce sera où?

— Tu seras le seul à le savoir. Et là c'est droit à l'asile psychiatrique...

8

J'ai commencé à réunir ma tribu en donnant une petite fête dans cet étroit appartement de l'avenue du Parc. Ils sont tous venus, ceux que j'avais recherchés inlassablement (d'anciens amis de Port-au-Prince rencontrés par hasard dans les boîtes de nuits du quartier). Certains ont amené d'autres. On s'asseyait par terre, sur le petit divan rouge du salon que j'ai ramassé dans la rue. Bouffe haïtienne préparée par une vieille dame. Rhum Barbancourt. Musique. Compère Philo était à la guitare alors que Jacques Hilaire chantait. Maxon  Charlier perdu dans une intense réflexion. Roland Désir conversant avec le jeune philosophe Jackson Pierre-Paul. Une folle énergie régnait dans cette pièce surchauffée. Vers minuit, les voisins appelèrent la police qui nous accorda gentiment une heure de plus. C'était nouveau pour moi. Personne de ma connaissance, à Port-au-Prince, n'avait jamais appelé la police à cause du bruit. Le bruit n'existe pas dans une ville où il y a toujours du bruit. C'est le silence qui effraie.

9

J'ai rencontré Georges Rigaud chez des amis communs (quand j'y pense, cette rencontre était peut-être organisée). On m'a dit qu'il est un des fondateurs de l'hebdomadaire *Haïti-Observateur*, un journal basé à New York. C'était un éternel adolescent, il avait plus de soixante-dix ans à l'époque, enthousias-te, et très ouvert. J'ai cette anecdote pour preuve. Il ne tenait pas l'historien Roger Gaillard en grande estime, mais quand je lui ai fait lire la série sur l'Occupation américaine et la résistance paysanne, il a immédiatement compris l'importance du bonhomme. Il est venu tôt un matin chez moi pour me parler de Gaillard qu'il avait lu toute la nuit. Avant de partir, il a conclu d'un air grave: «Je viens de comprendre que c'était pour pouvoir écrire, en toute sécurité, cette somme excep-tionnelle que Gaillard a accepté de travailler pour le quotidien *Le Nouveau-Monde*, le journal officiel du régime sanguinaire de Duvalier. Dans ce cas, il faudrait le voir comme un héros et non comme un traître». Je connais peu d'Haïtiens capables de changer ainsi d'avis, et cela même sous la menace des faits. C'est d'ailleurs un peuple que les faits impressionnent fort peu. Donc tout de suite, Georges Rigaud a voulu que j'écrive pour son journal. Il revenait sans cesse avec son offre d'une chronique libre que je refusais con-stamment. Je n'avais pas quitté Haïti pour tomber chez les Haïtiens de la diaspora. D'ailleurs, je détestais et je déteste encore ce mot diaspora que je tiens pour un terme utilisé afin d'écarter de la vie nationale ceux qui ne vivent pas en Haïti. Les Nord-Américains m'excluent à cause de la couleur de ma peau, et les Haïtiens qui vivent en Haïti m'excluent eux à cause de l'endroit où je vis. Un racisme d'espace. Cette impression que mon pays avait ratifié l'exil que Duvalier m'avait forcé à prendre.

10

J'aime beaucoup Gislaine Charlier, la mère de Maxon. C'est une femme fougueuse avec un grand rire intérieur. Ce rire vient de l'amour qu'elle porte à son mari, l'homme de sa vie: Étienne Charlier. Et je suis toujours ému de la relation de Ghislaine avec

Maxon et Gislaine

son fils Maxon. Maxon est un ami sûr et un lecteur curieux et sophistiqué. Ghislaine est plutôt intéressée par l'histoire qu'elle tente toujours de saupoudrer de fiction afin d'intéresser les jeunes à certains aspects de la culture haïtienne. Le couple mère-fils (les Charlier) aime bien les vêtements colorés et les après-midi ensoleillés.

11

J'ai fini par dire oui à Georges Rigaud. On finit toujours par se rendre quand Georges Rigaud vous fait le siège (il vous talonne vingt-quatre heures sur vingt-quatre). Il a un rapport très étrange avec le téléphone, s'il vous téléphone et vous n'êtes pas là, il se fâche. Je lui ai dit que le téléphone n'est pas encore branché à mon cerveau. Cela le fait rire, et moi, son énergie m'impressionne. Rigaud me met immédiatement en contact avec Léo Joseph. Quelques jours plus tard, il passe me chercher dans sa petite bagnole bien entretenue (ces premières bagnoles datent de l'époque où on faisait des voitures qui pouvaient durer toute une vie, enfin l'entretien qui faisait la différence), avec ma petite famille, pour aller rencontrer les directeurs du journal, à New York. En chemin, on a eu une crevaison. Il faisait moins 20 degrés. Je suis nul avec mes mains, à peine assez de force pour tenir une plume. C'est la seule chose que j'ai toujours su faire. Un véritable intellectuel haïtien. C'est donc Georges qui, à plus de soixante-dix ans, changea seul, sans gant, le pneu. Cette fois, j'ai eu un peu honte. Pourtant vingt-cinq ans plus tard, je suis encore incapable de changer un pneu. Nous nous faufilâmes dans la toile (on dirait une toile d'araignée) complexe de Manhattan. Léo Joseph nous attendait au journal avec un large sourire. C'est un homme long et mince qui conduit, lui, d'une manière plus sportive que Georges Rigaud. Son frère Raymond écrit dans l'autre pièce son papier pour le *Wall Street Journal*. Je demande carte blanche (ce sera aussi le titre de ma chronique). Le lendemain, Léo Joseph m'emmène chez son coiffeur

à Brooklyn. Deux jours plus tard, je retourne à Montréal. Je n'ai pas été censuré une seule fois pour la centaine de textes écrits pour le journal. Je rédigeais mon papier le dimanche, le corrigeais le lundi et l'apportais le mardi matin au bureau de Montréal qui se chargeait des fois de l'acheminer à la rédaction de New York. En fait, je rédigeais cette chronique de manière assez paresseuse. C'est peut-être dû au fait que je le faisais à la main. Je ne me sentais pas dans mon époque en écrivant ainsi. La main me rend lyrique alors que j'espérais un style plus sec, plus mordant. J'étais un lecteur passionné de Voltaire, celui de la correspondance. J'aimais bien *Zadig*, mais c'est le Voltaire témoin de son époque qui m'impressionnait: le chroniqueur. L'ironiste qui raillait les puissants tout en étant indulgent pour les plus démunis. Il y a aussi le Hugo des «Choses vues». Celui qui a entendu les plaintes de cette pauvre femme qui se lamentait, en arpentant Paris, de ne pas trouver de pain pour ses enfants qui allaient dormir le ventre vide. J'aime bien les écrivains qui entendent les voix populaires, la souffrance du peuple sans cesser d'observer la danse lascive des hommes en place devant le veau d'or. Quelques mois plus tard, j'ai acheté une machine à écrire chez un brocanteur de la rue Saint-Viateur. Une vieille Remington. Cette machine a changé du tout au tout ma manière d'écrire. À relire aujourd'hui ces chroniques naïves, je vois bien la différence entre ce qu'on a pensé faire (un nouveau Voltaire) et ce qui a été fait. Il n'y a qu'une règle, le travail. La raison c'est que je n'avais pas la force de travailler. Je ne savais pas encore quelle direction donner à ma vie. J'avais l'impression de flotter. En réalité, je vivais une crise existentielle et, d'une certaine manière, intellectuelle. C'est avant d'écrire qu'il faut savoir quel type d'écrivain on voudrait être. Car dès la première phrase du premier livre, on est fait. Le tunnel est déjà emprunté, et on ne peut plus revenir en arrière. On ne peut que s'améliorer dans cette direction. Un aller simple. Je savais confusément qu'il me fallait rompre avec la manière d'avant si je voulais vraiment tenter cette nouvelle aventure.

Cette chronique me permettait surtout de gagner un peu d'argent au moment où j'en avais vraiment besoin. Bien sûr que c'était différent quand je vivais seul (ou avec des amis), je pouvais me payer le luxe d'ignorer l'argent, mais là j'avais la responsabilité d'une vraie famille. Et je m'étais juré de ne plus retourner à l'usine. L'usine c'est comme l'enfer (ou la drogue), ce n'est très facile d'y entrer mais presque impossible d'en sortir. Je ne voulais plus connaître cette sensation désagréable d'un citron pressé qu'on n'aura aucune peine à jeter dans le panier s'il ne fait plus l'affaire.

En fait, mon ambition allait plus loin qu'une simple chronique, je voulais écrire un livre (le vieux rêve de tout individu alphabétisé). J'avais trouvé cette astuce: je travaillais d'abord à mon roman, et après, si je ne suis pas trop épuisé, je me mettais à ma chronique.

12

Je viens de remarquer, en lisant ce recueil de chroniques, certains moments photographiés avec insouciance à l'époque, qui se révèlent aujourd'hui d'une justesse criante. Toujours impossible de savoir quel détail va durer. Le temps se moque des prophètes amateurs. Il y a des choses, beaucoup de choses même, dont on ignore l'importance. De minuscules détails qu'on a dû ajouter afin d'atteindre les trois pages et demie pour remplir l'espace convenu. Je voulais photographier l'époque au polaroïd, comme le faisait Andy Warhol que j'avais vu un midi dans les rues de Manhattan. Blafard, il avait l'air d'un vampire obligé d'aller quémander du sang au poste de la Croix-Rouge du coin. Je voulais que mes photos (mes chroniques, on s'entend) puissent ressembler à celles de Warhol, c'est-à-dire faire des photos sans se prendre pour un photographe. Je remarque que c'est le genre de photos qui, vingt ans plus tard, arrivent encore à nous émouvoir. Comme ce polaroïd jauni aujourd'hui de Syto Cavé en jeune homme triste dans sa maison rose. À photos d'amateur, sociologie de brousse. J'écrivais donc, tête baissée, tout en faisant pleinement confiance à mon flair. J'attendais beaucoup du hasard.

J'entends dire à une soirée que quelqu'un va à New York. Quand ? Tout de suite. En pleine nuit. Puis-je passer chercher mon passeport et faire ma valise ? Dix minutes, pas plus. Je profite de l'occasion pour revoir New York, et noter quelques observations sur cette ville tentaculaire. La ville debout comme dit Morand. Morand ou Céline, je ne sais plus. J'ai tout de suite remarqué la rivalité entre Queens et Brooklyn (dans le milieu haïtien). Je griffonne alors un portrait de ce vieil homme que j'ai découvert assis tout seul dans le couloir sombre d'une maison de Brooklyn. Des montagnes de boîtes empêchaient les gens d'occuper tout l'espace de leur appartement. Ils ont ramassé pendant des années toutes sortes d'objets disparates qu'ils entassent dans un coin en attendant le retour au pays natal. Le rêve s'est oxydé avec les années.

13

On m'a dit que Miami est la nouvelle destination des Haïtiens. Surtout des paysans désespérés par une sécheresse endémique. Là-bas, paraît-il, c'est l'aventure totale. Des colonnes de paysans, la hache sur l'épaule, sillonnant les rues à la recherche d'un emploi de jardinier. Ils ne font aucune attention aux feux de signalisation et ignorent tout de la vie moderne. Ils viennent de sauter à pieds joints du Moyen-âge aux temps modernes. L'administration américaine s'arrache les cheveux. Ils n'ont aucun papier et ne sont enregistrés nulle part dans leur localité d'origine. Je prends mon carnet et file alors à Miami. Naturellement, on avait exagéré les choses. Il y avait déjà un semblant d'ordre. Des radios haïtiennes renseignaient les gens sur leurs droits. Des organismes communautaires avaient commencé à prendre en charge les cas les plus lourds. Des avocats juifs de Miami Beach les défendaient déjà. Mais l'affaire était encore grave puisqu'une majorité de boat people croupissaient dans un camp du nom de Krome, pas loin des Everglades. Les crocodiles, nageant à proximité dans les marécages, jetaient, de temps à autre, sur toute cette histoire un œil lourd et patient.

Je quitte Miami pour les Bahamas afin de voir les camps où sont parqués les Haïtiens qui travaillent comme des bêtes pour un salaire de misère. C'est un immense aéroport où l'on parle trois langues (espagnol, anglais, français). En retard, je prends ma carte d'embarquement et me dirige vers l'avion. On avait changé de porte d'embarquement à la dernière minute, ce qui fait que je me trompe de destination et finis par atterrir sur une autre île de la Caraïbe anglophone. C'est en montrant mon adresse (et le numéro que j'appelais en vain) qu'un policier m'indique, en riant, mon erreur.

— Mon ami, je crois que tu t'es trompé de pays...

Un flâneur insouciant, c'est ce que j'ai toujours été. Il m'arrivait de passer devant ma maison sans la reconnaître. Cette histoire rappelait aussi mes années au *Petit Samedi Soir* quand je parcourais le pays (de Dondon à Mirebalais, de Miragoâne à Bombardopolis) pour tenter de comprendre ces gens avec qui je partage un même destin. Si on veut bien se connaître, il faut surtout observer les autres. Car si nous respirons le même air, dansons la même musique, répondons aux mêmes stimuli, rêvons à peu près de la même manière, il est fort probable qu'il puisse exister une certaine parenté d'esprit entre nous. En quoi suis-je semblable à cette vieille dame que j'ai vue à la sortie d'une église à Brooklyn un dimanche matin? Eh bien, elle me rappelle simplement Da, ma grand-mère. Ce ne sont pas forcément les mêmes traits, mais une certaine douceur dans le regard, et cette force intérieure que je perçois dans chaque mouvement de ses larges hanches. Je n'ai pas peur pour ces femmes qui me semblent capables de traverser les pires tempêtes de la vie. Ce sont de fameux capitaines qu'on aimerait bien avoir sur son navire. J'ai rencontré à New York de pauvres femmes analphabètes qui ont réussi à faire rentrer aux États-Unis toute une famille, souvent en travaillant au salaire minimum (à l'époque c'était, me disaient-elles, soixante centimes de l'heure). Comment font-elles? C'est simple, elles passent 30 ans à travailler 16 heures par jour, sans compter le trajet aller-retour qui leur prend deux heures de plus. De retour à la maison, c'est encore elles qui régentent la vie quotidienne. Samedi, c'est jour de grand ménage et d'épicerie. Dimanche, on s'habille très propre pour aller à l'église. La seule chose qui les relie aux autres êtres humains, c'est le chant religieux. Ni cinéma, ni théâtre, ni littérature, ni vacances: l'esclavage moderne.

De plus, elles ne désespèrent pas d'avoir une vie amoureuse, ce qui veut dire qu'elles auront à s'occuper aussi d'un homme. Ce sont ces gens qui mènent une vie si éreintante, les mêmes qui auraient dû jeter l'éponge depuis longtemps, pourtant ce sont elles qui se dévouent, grignotant sur le peu de temps qui leur reste, pour tenter d'humaniser un peu leur vie. Avec une cuisine accueillante (ce sont toujours d'excellentes cuisinières), un salon rempli de meubles chers et rococo, et une chambre fraîche qui sent les draps propres, un beau couvre-lit en satin, elles se tiennent prêtes à accueillir l'amoureux qu'elles espèrent dénicher dans une pochette-surprise. Mais c'est d'abord leur espace de vie et le lieu d'un combat incessant contre la laideur et la saleté. Elles croient fermement que c'est ainsi (une austère éthique) qu'elles pourront empêcher les adolescents de fréquenter les voyous qui se piquent au coin de la rue, car on aura compris qu'elles n'ont pas assez d'argent pour habiter un quartier plus décent.

«Il faut donner un cadre strict aux enfants», m'avait dit cette dame, sur Church Avenue, personne ne quitte chez moi sans avoir fait son lit... Notre dignité, c'est la seule chose qui nous reste.

14

Mais jusqu'où pourra aller cette bagnole toute cabossée que j'ai payée sept cents dollars? Pour le moment, je n'en sais rien. Bon, en Haïti ça va mal, ce qui n'est pas nouveau. Le pouvoir des Duvalier accumule bourbes sur bourbes jusqu'à l'erreur fatale: la mort de ces jeunes étudiants des Gonaïves. Je me rappelle, avec une certaine amertume, que l'assassinat de Gasner Raymond par les tontons macoutes ou par des hommes de main de la bourgeoisie (tueurs privés ou tueurs publics, cela ne fait aucune différence, car les privilégiés sont aussi responsables que les gouvernants) n'avait pas provoqué, comme je l'avais espéré, la chute du pouvoir des Duvalier. Mais cette fois, même les hommes du dernier carré du pouvoir commençaient à sentir le vent tourner. C'est simple: dès qu'on voit sortir les rats de la cale, c'est signe que le navire est en train de prendre l'eau. Les enfants d'abord, puis les épouses commencent à filer en douce vers ces destinations régulières: République dominicaine, Jamaïque, Venezuela, ou la France. Le Palais national se vide tandis que les rues se remplissent d'une foule en colère. Ces gens qui demandent des comptes à une dictature, vieille de trente ans. Ces gens qui ont l'impression d'avoir perdu trente années de leur vie. Des ouvriers, des étudiants, des chômeurs, des mères de famille, l'église catholique (le bas clergé) et la multitude de fidèles protestants, tous ces gens ont d'abord pris d'assaut les rues des grandes villes du pays. À chaque jour, le mouvement s'élargit. Finalement, après une macabre valse-hésitation (partira, partira pas), le fils du tigre quitta Haïti accompagné de sa femme. Pour ne pas perdre la face, celle-ci a gardé entre ses doigts maigres, durant le trajet qui va du Palais national à l'aéroport, cette interminable cigarette filtrée au bout barbouillé de rouge à lèvres. La fuite de Baby Doc, ce soir-là, se résume finalement à cette insolente cigarette. Le peuple a interprété ce geste comme une dernière gifle, ce qui a décuplé sa colère.

15

Une époque est en train de s'effacer sous mes yeux. Et l'avenir me paraît bien improbable. Je descends à Miami pour prendre le pouls de la situation. Réunion patriotique à l'église Notre-Dame. C'est l'église qui avait conçu toute l'affaire. Ainsi, c'est la même église, qui semblait si proche du père (François Duvalier), qui a finalement chassé le fils, en lâchant à ses trousses sa multitude de croyants affamés. L'armée, complètement laminée par le pouvoir, le palais subitement vidé, l'église peut alors tranquillement ramasser la cagnotte. C'est la seule institution respectée du pays. Elle a fait la guerre au côté du peuple et est revenue d'entre les morts. Ma marraine, qui vit à Little Haïti, m'a tout de suite emmené écouter l'évêque de Jérémie, Mgr. Romélus. Et j'avais déjà la puce à l'oreille que les choses n'allaient pas s'arranger de sitôt. En fait, l'église se préparait à faire un coup d'État. On a connu des coups d'État militaires, voici le coup d'État clérical. Le clergé veut le pouvoir. Je sens que je devrais être à Port-au-Prince, au cœur de l'action, mais impossible de trouver un avion. C'est tout un peuple qui veut assister à ce moment historique: la fin d'une dictature. Je finis par trouver un billet qui m'a coûté les yeux de la tête, et je devais me considérer chanceux. Je débarque vers deux heures de l'après-midi. Un mois après le départ de Duvalier, les rues étaient toujours bondées de détritus et de cadavres. Ça sent encore le sang chaud et la fumée de caoutchouc. On veut se venger. Alors qui sont ces gens qui semblent habiter la rue? Les opprimés, les femmes autrefois violées par des macoutes, les anciens torturés de Fort Dimanche, les tontons macoutes de province venus se recycler en résistants à Port-au-Prince, les simples voleurs, les hommes de main lourdement armés et employés par des commerçants pour défendre leurs biens, les badauds et les journalistes de la presse internationale? Un véritable carnaval. La fête du sang.

16

On se retrouvait à notre quartier général de la rue Lamarre, en face du Collège Saint-Martial, chez notre ami Jean-Robert Hérard. Gasner Raymond passait me prendre le matin, et on partait chez Carl-Henri Guiteau. Un peu plus tard, Pierre Clitandre venait nous rejoindre. Le petit groupe affichait alors complet. La mère de Jean-Robert Hérard nous préparait à manger. On écoutait l'éditorial de Jean Dominique, à Radio Haïti-Inter jusqu'au retour de classe de la jeune sœur de Jean-Robert, l'extravagante Huguette, qui illuminait nos après-midi. Après on allait au journal, l'hebdomadaire *Le Petit Samedi Soir*, corriger nos textes. Fardin, le directeur,

Huguette et Dany, 1978

nous accueillait avec son sourire énigmatique, et on allait s'assoeir sagement autour de la grande table, chacun devant sa copie. Très peu de femmes dans nos vies à cette époque. On sillonnait le pays pour le décrire. On était de tous les lancements, de toutes les premières, de tous les débats aussi. On se nourrissait de petits fours qu'on grappillait dans les réceptions données aux ambassades et aux vernissages. Nous étions tous efflanqués comme le loup de la fable. C'était nos vingt ans. Mais un midi, on trouva sur cette plage de Braches, à Léogane, le corps sans vie de Gasner Raymond. La fête était terminée. Je quittai Port-au-Prince, du jour au lendemain, pour Montréal.

17

En descendant de l'avion, je tombe sur l'écrivain Jean-Claude Charles, auteur d'un magnifique reportage sur les boat people haïtiens emprisonnés au Krome, une prison aménagée spécialement pour les réfugiés de la mer. Charles me dit qu'il écrit une série de reportages pour le quotidien français *Le Monde*. Un sujet: le départ de Luc Désir, l'un des pires tortionnaires de Papa Doc, à qui il ressemblait tant que *Paris Match* a déjà pris Luc Désir pour Duvalier. Selon la rumeur, Luc Désir est à l'aéroport, et il tente de quitter le pays. Haïti est une immense chaudière de rumeurs. En un temps record, des vagues de gens arrivent à l'aéroport. La foule se place sur le tarmac face à l'avion qui s'apprête à partir. Fouille dans l'avion, mais aucune trace de Désir. «Vous voyez bien, dit un employé de l'aéroport, que ce n'était qu'une rumeur». La foule commence déjà à vider les lieux quand quelqu'un hurle que Désir se trouve dans un des bureaux de l'aéroport. La foule, en représailles, incendie trois voitures de fonction. Quelques journalistes et deux officiers de l'armée se proposent de rencontrer Luc Désir qui fait semblant d'être moribond. Il parle d'une voix si faible que la femme qui l'accompagne n'a fait que demander pitié pour un vieil homme malade. Une femme en noir à côté de moi crie qu'elle entend le manger (j'apprends plus tard qu'elle portait depuis dix ans le deuil de ses fils tués sans raison par les sbires de Luc Désir). J'ai su deux jours après, en voyant quelqu'un le faire devant moi, que ce n'était pas une métaphore. Durant ces terribles journées, certaines personnes sont passées à l'acte. Je parle de cannibalisme. Les militaires passèrent des menottes à Luc Désir. Ce n'était pas facile de franchir cette marée de gens en colère qui réclamaient la chair de Désir. «Donnez-nous le», criait-on près de moi. J'avais laissé en 1976 un peuple soumis qui n'arrivait même pas à protester contre la mort de l'un de ses plus nobles fils, Gasner Raymond, et là, je retrouve des chiens enragés sans aucun contrôle sur eux-mêmes, des enfants criminels et des femmes cannibales. Les militaires se sont finalement frayés ce passage sans se faire prendre à partie. C'est surtout dû au fait que l'armée s'était ralliée dans les derniers moments à une population qui contestait violemment le régime. Les militaires contre les tontons macoutes. Cela faisait un moment que les militaires attendaient ce face-à-face. Car, sous les Duvalier, le moindre milicien pouvait se croire supérieur à un officier. Ce qui rappelle les derniers jours de l'empereur Commode. Rome nageant dans le stupre et la corruption. J'avais du mal à comprendre les événements qui se déroulaient sous mes yeux. J'imagine que cela doit paraître encore plus étrange à Jean-Claude Charles qui m'avait précédé d'au moins dix ans à l'étranger.

18

Dans la foule, je reconnais Aubelin Jolicoeur qui me fait de grands signes. Je lui présente Charles dont il dit suivre attentivement la carrière depuis son premier recueil de poèmes *Négociations* (Paris, P. J. Oswald, 1972). Il sait déjà que Charles est venu faire un reportage pour *Le Monde*. Charles est soufflé. Qui est cet homme? Aubelin Jolicoeur a commencé à écrire dans *Le Nouvelliste* au début des années 1950. Il venait tous les jours à l'aéroport accueillir les visiteurs et écrivait un gentil mot sur chacun d'eux. Sa chronique consistait à souhaiter la bienvenue aux visiteurs. Mais il le faisait avec tant de grâce qu'il a su intéresser le plus célèbre d'entre eux: Graham Greene. Il était venu se documenter pour un roman sur le règne de Papa Doc, cet Ubu des Caraïbes. Cette mixture pouvoir absolu et vaudou avait fasciné l'écrivain anglais.

Jolicoeur lui fut un guide efficace, et pour le récompenser Greene a fait de lui un personnage (Petit Pierre) de son roman, *Les Comédiens* (Paris, Laffont, 1966). C'était la gloire immédiate. Jolicoeur a couru le grave danger que Duvalier voyait en lui un traître. Greene ne l'avait pas ménagé. Même la réputation du romancier ne pourrait alors protéger Jolicoeur. Si Duvalier détestait Greene à qui il a d'ailleurs intenté un procès, il restait cependant intrigué (il a fait venir Jolicoeur à son bureau) par le fait qu'il soit devenu un personnage de roman. Ayant des velléités d'écrivain et étant en même temps un de ces fous de pouvoir absolu, Duvalier savait que le personnage de roman était sacré. Jolicoeur a passé une grande partie de sa vie à faire des compliments à tout le monde: les touristes comme les bourgeois, les hommes de pouvoir comme les matrones. Mais dans le dernier quart de sa vie, il s'est réveillé et était devenu un de ceux qui attaquaient le plus rudement le régime. C'était, à mon avis, un homme très bon, inoffensif, amateur de citations latines. Jolicoeur nous demande brusquement:

— Avez-vous une voiture?

— Non, on vient d'arriver...

— Vous ne pourrez pas circuler à pied dans ce pays dangereux...

— Dangereux pour les tontons macoutes, dis-je, car il me semble que c'est le chasseur qu'on chasse aujourd'hui.

— Cette foule ne fait aucune distinction... Ils pourront croire que Charles est un macoute de province qui vient se recycler ici, dit Jolicoeur avec un petit rire qui ressemble plutôt à une toux.

— Pourquoi? demande Charles, un peu alarmé.

— Trop maigre... Maigre comme ça, ils ne voudront pas croire que tu viens de l'étranger. Prenez ma voiture...

— Merci, dis-je, on compte aller dans le nord. Jean-Claude vient de me dire qu'il aimerait rencontrer le vieux peintre Philomé Obin.

— Je connais Obin, lance Jolicoeur, je lui achète des toiles. Faites attention: le vieux est malin. Vous comptez y aller à pied? Il faut partir maintenant, car c'est trois jours de route.

— Non, mais ça va bousiller votre voiture.

— Vous la voulez ou non? s'énerve un peu Jolicoeur.

— Bien sûr...

19

Il nous passe la clé, et on traverse Port-au-Prince. Charles conduit prudemment dans cette ville en pleine révolution. On avait peur de frapper quelqu'un. La rue n'appartenait plus aux voitures. C'était pour moi le véritable signe qu'il se passait quelque chose dans ce pays. Autrefois, Haïti était divisé en deux camps: ceux qui portaient des chaussures et ceux qui allaient pieds nus; maintenant ce sont ceux qui vont en voiture contre ceux qui vont à pied. On finit par arriver au journal *Le Nouvelliste* où j'allais voir Lucien Montas (le directeur) pour lui offrir un papier par jour durant mon séjour. Je trouve Montas assis derrière son bureau, en train de fumer un long cigare comme à l'accoutumée, l'air placide. Exactement, comme je l'avais quitté dix ans auparavant. Je me souviens de la première fois que j'avais apporté un article au *Nouvelliste*. Montas l'a regardé, et m'a dit: «Si tu fais aussi court avec des phrases simples, on te passera toujours en une.» Mon premier papier en première page, je n'étais pas peu fier. Cette nuit-là, j'ai dormi avec le journal sous mon oreiller. Je me réveillais au milieu de la nuit, avec l'idée que toute la ville était en train de me lire. L'article publié semblait beaucoup mieux que le texte que j'avais écrit. L'impression de plus en plus croissante que l'article publié n'était pas de moi. J'ai lu des années plus tard que Proust avait connu aussi de pareilles émotions. En tout cas, Montas a accepté ma proposition, et je retrouve Jean-Claude Charles en pleine discussion dans la salle de rédaction. Lui aussi, avant son départ pour Paris, quand il était un jeune intellectuel affamé et débordant de principes, tenait ici une chronique sur le cinéma. On retrouve l'influence du cinéma dans ses romans. Un style hachuré et un montage saccadé.

On remonte vers l'hôtel de Jean-Claude qui se trouve à la rue Capois, en face du Musée du collège Saint-Pierre où on s'est d'ailleurs arrêtés parce qu'il voulait voir les toiles de Philomé Obin.

On a fait une tournée magnifique (surtout dans le nord) dans la luxueuse bagnole de Aubelin Jolicoeur. Charles arrivait étonnamment à suivre le rythme infernal de ce pays. Pour lui, les histoires personnelles s'entremêlent aux événements politiques. C'est un nageur expérimenté qui sait plonger sous l'eau pour éviter les grosses déferlantes. Des vagues de plus en plus fortes. Partout, en chemin, des groupes prenant en chasse des tontons macoutes qui n'ont pas pu trouver un endroit pour se cacher. Toujours ainsi: les puissants réussissent à s'enfuir, laissant les petits à la merci de la vengeance populaire. Le pays est de nouveau divisé en deux groupes: les chasseurs et les proies. Tout le monde participe à la curée: les hommes, les femmes, les enfants et les vieillards. Les yeux d'un homme à qui on vient de passer autour du cou un pneu en flammes. Je n'oublierai pas de sitôt ce dernier regard qu'il me jeta avant de disparaître derrière un rideau de fumée.

20

De retour à Montréal, j'ai décidé de mettre fin moi-même à la chronique, la page venait d'être tournée. Je voulais apporter moi-même au journal mon dernier papier «Adieu au centième». J'en ai profité pour remercier Léo Joseph de son hospitalité. Car cette chronique m'avait obligé à une certaine régularité, c'était la chose qui me manquait. Écrire c'est d'abord s'asseoir pour travailler. Une plus grande part de transpiration que d'inspiration, mais en même temps on imagine bien que sans l'étincelle originelle la sueur ne vaut rien.

C'est en revenant de New York, près de la frontière, que j'entendis un énorme bruit, comme si un pneu venait d'éclater. Juste le temps de descendre de la voiture et de se mettre sur le bord de la route pour la regarder prendre feu. Trop impressionné, je n'ai même pas pensé sortir mes bagages de la malle arrière. Les voitures ralentissaient à notre hauteur, sans s'arrêter. Enfin, une voiture de police... Je n'ai jamais été aussi heureux de voir des policiers. Aucun papier. Tout avait brûlé, et j'étais encore en territoire américain. Il fallait voir la tête du chérif. Un Noir sans papier n'est pas loin d'un esclave en fuite. Qui lui dit que je ne viens pas de quitter une plantation de Caroline du Sud pour tenter de traverser la frontière afin de devenir un homme libre? Je blague, mais le temps semble n'avoir jamais bougé dans certains esprits américains. En fait, le policier, impeccable, était véritablement désolé pour moi. Il m'a amené aux douanes canadiennes et j'ai pu prendre l'autobus pour rentrer à Montréal.

Cette vieille voiture de sept cents dollars m'avait fait connaître la magnifique route Montréal-New York (sept voyages). Ce trajet en automne vaut bien un haïku de Bashô. Ce poème est de Sora, mais c'est Bashô qui nous l'a fait connaître.

Vagabond désormais solitaire
Si je meurs en chemin que ce soit
Dans un bosquet de lespédèzes

Également un voyage jusqu'à Trois-Pistoles, et quelques escapades de l'autre côté du fleuve Richelieu. Grâce à cette voiture, je commençais doucement à sortir de Montréal (qui me gardait trop bien dans ma condition d'immigrant) pour devenir un voyageur. Si l'immigrant est immobile, le voyageur, lui, bouge sans cesse.

Un long mois d'incertitude avant de reprendre un vieux manuscrit tout taché de spaghetti et de café. J'en ai profité pour relire mon premier roman, *Comment faire l'amour avec un Nègre sans se fatiguer* (Montréal, VLB, 1985).

Entre l'immigrant encore coincé dans sa nouvelle ville, et le voyageur sillonnant toutes les routes, il y a maintenant l'écrivain qui, parce qu'il ne bougera pas de sa chaise, permettra au lecteur de prendre le large.

Ma première chronique

Je tapais cette première chronique quand un ami exigeant, comme l'écrirait l'historien Roger Gaillard, est entré dans la pièce.

— Qu'est ce que je vois là... Tu écris pour *Haïti-Observateur?*

— Oui. Où est le mal?

— Quand même, Dany, tu sais que *Haïti-Observateur* est un journal à sensation.

— Bien sûr, c'est aussi un journal à grand tirage, il ne faut pas cracher sur 50000 lecteurs.

— Les informations de *Haïti-Observateur*, c'est pas toujours très sûr...

— Oui, tu remarques que ça s'est amélioré depuis deux à trois ans.

— Tu ne vas quand même pas défendre ce journal...

— J'ai signé un contrat avec *Haïti-Observateur*. Ils m'ont donné carte blanche pour cette chronique. J'écris ce que je pense sur le sujet que j'ai moi-même choisi.

— C'est quoi ton sujet?

— Je ne sais pas encore très bien. Il y a quelque chose qui me touche. Nous sommes en Amérique du Nord, je veux dire massivement, depuis une quinzaine d'années et si on lit les journaux haïtiens, on a l'impression que nous continuons à vivre comme si nous étions à Port-de-Paix, Hinche, Mirebalais ou Jérémie. Je crois moi que nous avons appris des choses ici, cela dans tous les domaines; et je suis sûr que quand nous allons rentrer, pour quelque raison que ce soit, nous emporterons avec nous toutes ces acquisitions. En un mot, nous faisons semblant de ne rien remarquer de ce qui se passe ici, en Amérique du Nord, mais je sais que nous allons revendiquer notre identité nord-américaine en Haïti.

— Donc, tu dis là que nous allons perdre notre identité haïtienne.

— Je ne dis rien de cela, soyons clairs, je ne suis pas sociologue, je suis un observateur qui se veut lucide. Je dis ceci: pendant deux à trois siècles, notre manière d'être Haïtien était à la française, demain elle sera à l'américaine.

— Tu dis donc que nous n'avons jamais eu d'identité propre.
— Efface le mot identité. C'est une fausse interrogation. Ça ne veut rien dire. Dès que vous croyez dans l'éducation, la mobilité sociale, l'État, le bien-être, la démocratie, le raisonnement logique, la voiture, dès que vous mangez cru, cuit ou bouilli, vous êtes un Occidental. Nous sommes des Occidentaux.
— Et notre folklore? Notre religion?
— Tout le monde a un folklore et une religion.
— Oui, mais il y a des spécificités.
— Si tu veux... Il y a des Américains qui croient au vaudou et beaucoup d'Haïtiens sont capitalistes ou communistes.
— C'est ce que tu comptes écrire à *Haïti-Observateur*.
— Jamais. Je n'aime pas les réflexions moralisatrices. Je ne ferai ça à personne. Je compte tout simplement me démarquer de l'actualité politique par de brefs reportages sur des sujets insolites, des choses inactuelles, de petits événements sans intérêt, des scènes du quotidien, des faits et gestes nouveaux, mais dont on ne se rend pas encore compte de leur nouveauté dans notre vie ordinaire. Je ne m'intéresse qu'aux choses qui se répètent tant par une si grande majorité de gens que cela passe inaperçu.
— Et tu ne peux faire ça que dans un journal à grand tirage?
— Je prends un risque aussi, parce que les gens peuvent ne pas trouver un intérêt à des histoires aussi futiles.
— Par exemple?
— C'est arrivé quand j'habitais à New York. Nous vivions dans un sous-sol et, à l'étage, se trouvait l'appartement d'une vieille dame qui vivait avec son fils, la femme de son fils et les enfants du couple. Comme cette dame gardait ma fille, j'avais l'habitude de la sortir pour son jour de congé. On allait sur Jamaïca Avenue. Elle avait toujours des emplettes à faire et je crois qu'elle en profitait pour voir les choses. Nous étions là, devant un des nombreux casse-croûte de l'Avenue. Je lui offris un hamburger. Elle me parla de sa santé, de son ulcère, de son arthrite, de ses problèmes de digestion. Elle est comme ça, un peu râleuse. Soudain, elle me dit qu'elle mangerait bien le hamburger, mais sans la viande. Je lui répondis naturellement qu'il n'y a pas de hamburger sans viande. Elle sem-

blait réfléchir un moment avant d'ajouter qu'elle mangerait uniquement du pain avec un peu de beurre. Je passai bien une bonne demi-heure à lui expliquer combien c'est impossible. Enfin excédé, je partis vers les toilettes. À mon retour, elle avait son pain beurré à la bouche. Ce qu'elle avait compris: c'est que ce restaurant est un commerce. Ce que j'avais compris: c'est la signification du mot hamburger. Je dois ajouter aussi qu'elle ne parle pas un mot d'anglais. Je ne dis pas ça de façon démagogique pour faire l'éloge de l'analphabétisme, de la vieillesse et de l'entêtement. Je raconte cette histoire pour montrer tout simplement qu'il y a plus d'une façon d'aborder une société. On peut accepter ses lois, comme on peut ne pas les accepter.

C'est ce qu'a fait la très subversive vieille dame.

Leçon de style

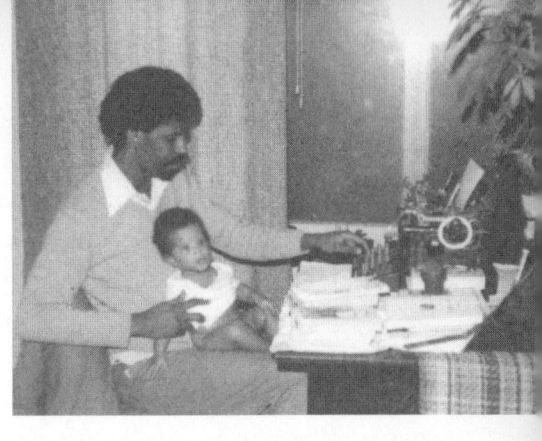

La vieille dame habitait au-dessus et j'avais l'habitude de la visiter le matin. À cette époque, j'étais un peu désespéré de mon manque évident de talent. Mon ambition alors, c'était d'être Jacques Stephen Alexis ou rien. Aujourd'hui, je me limite à cet honorable travail de journaliste.

Ma journée, somme toute, était assez monotone. Je me levais tôt et me mettais tout de suite au travail. Je tapais comme un dératé sur une vieille machine à écrire jusqu'à 10h00. J'avalais très rapidement ensuite un frugal déjeuner en parcourant les feuillets que je venais de noircir pratiquement sans raison. J'écrivais des contes, ou plutôt je faisais semblant d'écrire, mais c'était si mauvais qu'il m'arrivait de vomir à me relire.

Écrire est pour moi la chose la plus pénible qui soit, pire même que danser. Donc, je vivais une saison effroyable. Je ne sais pas si vous connaissez Queens, c'est une zone assez désolante en soi. Surtout l'été. Quand il m'arrivait de sortir pour me changer les idées, je devais tout de suite rebrousser chemin rien qu'à voir ces femmes en bigoudis se rendant au supermarché dans de grosses bagnoles américaines ou ces hommes bâtis en armoire à glace arrosant interminablement leur gazon en tenant nonchalamment entre deux doigts un long tuyau vert. On ne peut tolérer un tel spectacle que si on est en excellente santé mentale. Or je m'inquiétais énormément de mon avenir et l'écrivain qui s'inquiète de son avenir lutte aussi pour la vie. J'arrivais au terme d'un mauvais manuscrit et je prenais mal la chose.

Écrivain! Vous parlez, je ne suis même pas écrivain. Être écrivain, drôle de métier. On peut être écrivain sans jamais avoir écrit un seul livre, comme ne pas l'être même après une demi-douzaine de bouquins. C'est un métier apparemment à la portée de tout le monde. Le matériel requis est léger : un crayon et quelques carnets.

On s'y précipite et c'est là le drame. Comment peut-on attraper ce style personnel et cette manière inimitable dans cette jungle de styles personnels et de manières inimitables? C'est là que la vieille dame arrive dans cette histoire comme un cheveu sur la soupe. Justement c'est sa spécialité, la soupe.

Je la regardais faire. Ses mains cornues, veinées: je les regardais couper, éplucher les pommes de terre, laver à l'eau froide les carottes et les poireaux, assaisonner la viande. La vieille dame ouvrait de temps à autre le réfrigérateur pour prendre ce dont elle avait besoin et ensuite montait ou baissait le feu, recherchant ainsi la température idéale à la cuisson. Je n'arrêtais pas de la regarder. Comme ça. Au travail. Sa petite tête montée en épingle sur un cou maigre et un peu long. J'étais assis devant la table et elle faisait face au feu me donnant ainsi dos. Sa nuque comme un profond sillon laissé par le passage incessant d'une charrue conduite par de lourds bœufs. Le Temps-impitoyable. Je me mettais à penser brusquement à la relation complice qui se tisse entre la cuisine, la littérature et le temps. Au fond, la vieille dame et moi faisons le même métier. Nous mélangeons ensemble des ingrédients différents dans l'espoir d'avoir au bout une bonne soupe.

— Comment faites-vous pour que votre soupe ait ce goût différent des autres?, je lui demande toujours.

— Remarquez, j'aurais pu poser la même question à Alexis.

— C'est facile, me dit-elle, je n'utilise pas d'épices en bouteille et j'achète mes légumes frais.

— Ah oui, fis-je, c'est tout...

Je n'étais nullement convaincu. C'est comme si Alexis m'avait répondu quelque chose dans le genre: «c'est facile: j'utilise telle machine à écrire et je tape moi-même mes livres». Cela donne un aperçu des manies d'Alexis mais n'explique aucunement son talent.

Je surveillais la vieille dame. Elle n'arrêtait pas de lorgner du côté du pot-au-feu, il ne faut jamais laisser la soupe toute seule.

— Je viens de Hinche, me dit-elle sans transition. C'est une ville très dure. J'y ai élevé mes enfants, seule.

Elle me montra alors sa main largement ouverte, ce qui veut dire qu'elle a cinq enfants.

— Comment êtes-vous arrivée à Port-au-Prince?

— Quand les enfants ont eu l'âge d'aller au lycée. Il y a un lycée là-bas mais leur père, de son vivant, voulait les placer au lycée Pétion.

— Vous aimez beaucoup Hinche?

— Non. Seulement, c'est là que je suis née.

— Elle me regardait, un peu pensive, peut-être sans me voir même.

— Et vous? Que faites-vous dans la vie?

— Pas grand chose... Je suis écrivain.

— Qu'est ce que c'est? Huissier? Greffier?

— Huissier, non. Greffier, peut-être. J'écris des histoires.

— Ah, mon feu mari racontait des histoires. Je ne savais pas que ça pouvait être un métier. Quand il racontait quelque chose, tu pouvais pisser de rire.

— Je ne suis pas aussi fort que votre défunt mari, dis-je vivement. Mes histoires ne font pisser personne.

Elle paraissait, un moment, pensive. Comme navrée. Je me disais qu'elle devait penser à moi avec pitié, comme il nous arrive d'écouter avec un rien de compassion un conteur qui n'est pas à la hauteur.

On ne peut passer sa vie à faire rire les gens.

— Je ne peux pas faire autrement, dis-je, je suis condamné à raconter des histoires toute ma vie.

— Quel genre d'histoires?

— Des histoires sans intérêt. Des histoires, comme ça. Des choses qui tombent sur la tête des gens.

Elle eut un énorme éclat de rire et me montrant ses cheveux:

— Regarde, me dit-elle, il y a ici autant de cheveux blancs qu'il m'est tombé de choses sur la tête.

Sa tête était complètement blanche. Pour un conteur, cette vieille dame est un trésor inépuisable et elle m'a promis de tout me raconter de sa vie.

Je restai un moment, pris un peu de soupe (excellente d'ailleurs) puis prétextai une affaire urgente à expédier et descendis en trombe transcrire cette conversation.

À trente et un ans, j'apprends à conduire

J'ai acheté une vieille Ford à sept cents dollars. Je ne savais pas encore conduire. Vous vous dites: quel est l'imbécile qui achète une voiture sans savoir conduire? C'est moi, mais c'était le seul moyen de me pousser à apprendre à conduire. À trente et un ans, c'est pas tôt! Dans les salons, la question revenait toujours sur le tapis et je disais humblement que je ne savais pas conduire. Il y avait toujours quelqu'un pour s'étonner: «oh! toi, tu ne sais pas conduire, c'est pas possible!»

Donc, j'ai acheté cette voiture sans savoir conduire. Cela ne va pas sans inconvénients.

Pour éviter les contraventions de stationnement, il me faut garer la voiture sur le bon côté de la rue. Le côté permis. C'est une opération complexe et difficile que je devrais réaliser au moins une fois par jour.

Je fais donc tous les matins les cent pas sur le trottoir attendant l'âme charitable qui voudrait changer à ma place la voiture de côté. Cela ne marche pas à tous les coups. Il faut dire que c'est un peu inhabituel de voir quelqu'un se présenter à vous, en vous demandant de bien vouloir conduire sa propre voiture à sa place. En plus, un immigrant noir, haïtien. Ca ne peut être qu'un voleur.

Le plus souvent, je dois montrer mes papiers (passeport, assurances, papiers d'immatriculation, etc.). J'ai certaines fois l'impression qu'on attend de moi un certificat de bonne vie et mœurs et surtout de bonne santé mentale.

Vous savez, quand on fait quotidiennement une telle démarche aussi humiliante sous l'œil de votre femme et de votre fille, on finit toujours par perdre un peu de son prestige à la maison.

J'ai donc décidé de suivre un cours. Je me suis inscrit chez Mags, école de conduite. Mags est une école dont le propriétaire est un

Haïtien. Il s'appelle Jean-Marie Abel. C'est un homme d'une quarantaine d'années, nerveux, enjoué et dynamique. Il m'a semblé un bourreau de travail. Le type même de l'homme d'affaires qui trime dur. Comme j'avais en tête dès le début de faire un reportage sur cette expérience, je ne me suis pas présenté à lui. J'étais donc pour lui un étudiant ordinaire. C'est ainsi que j'ai pu épier sa manière, son style et sa méthode. Je crois avoir bien fait, car dès qu'il a su que j'étais journaliste, son attitude a changé à mon égard. Il était devenu affable.

La première chose qui m'a frappé, c'est la propreté des bureaux. Il y a une salle d'attente, fort jolie, avec des posters de voitures anciennes, une demi-douzaine de sièges et un abreuvoir. Contigus à cette salle, un grand bureau servant de secrétariat et deux autres bureaux plus petits, mais toujours propres. L'autre point qui m'a sauté aux yeux, c'est l'obsession de la régularité chez Abel.

Pour comprendre cela, il faut remonter un peu plus loin. Jean-Marie Abel et Léonard Joseph ont été deux des meilleurs enseignants de Lauzon, une grande école de conduite québécoise. Alors, ils se sont dit «pourquoi pas nous?» Abel a commencé avec Michèle, une secrétaire haïtienne. On lui conseillait d'éviter d'engager une Haïtienne à la réception sinon aucun Québécois ne viendrait chez Mags. À ce que j'ai remarqué, Michèle et Léonard sont plus que des employés. L'école leur appartient autant qu'à Jean-Marie Abel.

Abel a un défi: prouver qu'un homme d'affaires haïtien peut être discipliné, propre et responsable. Ce qui entraîne des excès. Apres un quart d'heure de retard, il n'accepte personne à son cours. J'ai vu des gens arriver, épuisés, essoufflés, et Abel, inflexiblement les renvoyer. Il m'a dit: «si je ne suis pas aussi rigoureux, personne ne viendra plus à l'heure».

J'ai eu comme professeur Léonard Joseph. Joseph est un excellent professeur. Il nous fait digérer une masse d'informations précieuses en l'élaguant de remarques ironiques. C'est le style de Joseph.

Abel a été mon professeur de cours pratiques. Abel a une technique. Selon lui, le chauffeur doit développer ses réflexes avant toute chose. C'est le style «immersion». Dès le premier cours, l'élève est confronté au volant et à la rue. C'est la jungle. Je me suis débrouillé tant bien que mal. Mais Abel ne vous lâche pas. Il faut avancer.

Abel donne aussi un cours théorique en anglais. Le soir j'aperçois des Chinois, des Vietnamiens, des Portugais, des Sud-Américains, à son cours.

Le problème est qu'il est devenu très difficile d'avoir son permis de conduire au Québec. Le gouvernement vous exige de suivre au préalable un cours régulier avant de passer le test. Ensuite, conduire est devenu une affaire complexe. Les villes s'agrandissent, les signaux se multiplient. J'ai demandé à Abel «Comment fait-il avec des Haïtiens analphabètes?» Ils ont un cours spécial et peuvent passer l'examen en créole, avec un interprète.

Il ne faut pas croire que conduire est un jeu de playboy. Le cours que j'ai suivi était majoritairement constitué d'ouvriers, des hommes et des femmes dont l'âge moyen se situait entre trente et quarante ans. Une dame de quarante-cinq ans m'a dit qu'elle avait cinq fils, mais comme personne ne s'occupe d'elle pour son marché, ses affaires personnelles, elle pense prendre son indépendance au volant. Les gens sont aussi persévérants. Ils restent généralement tout le temps qu'il faut pour avoir le permis.

Si ça vous intéresse, j'ai eu mon permis. À présent, il n'y a que ma femme et ma fille qui veulent bien monter en voiture avec moi. J'ai eu aussi ma première contravention. J'ai grillé un feu rouge: cinquante dollars. Je rentre à New York prochainement au volant de ma voiture. Si cette aventure vous tente, faites-moi signe.

Fiction: Karol et les douze

Le téléphone a sonné tard dans la nuit.
— Allo, fais-je.
— Allo, je m'excuse de vous déranger si tard, M. Laferrière, mais le pape désire vous rencontrer.

Je le coupe catégoriquement.
— Ecoutez, Monsieur, je suis un honorable père de famille qui se repose après une harassante journée de labeur, allez faire votre plaisanterie ailleurs.
— Monsieur Laferrière, je suis sérieux, je suis l'attaché de presse du Vatican et nous avons pris au hasard des noms de journalistes trouvés dans le bottin de l'Association des journalistes ethniques du Québec. Vous savez, le pape refuse de rencontrer la grande presse. Il ne veut recevoir que des représentants de groupes de presse minoritaires.
— Ça, dis-je, c'est rudement bien de sa part.
— Écoutez, M. Laferrière, me dit une voix ferme au bout du fil, pouvez-vous être à la basilique Notre-Dame dans une demi-heure?

Je raccroche, réveille ma femme pour lui dire tranquillement que je dois m'absenter, vu que j'ai rendez-vous avec le pape.
— Hein!!! Qu'est ce que tu racontes?
— Le pape m'attend. Je te raconterai au retour.

Je descends en trombe l'escalier, monte dans ma vieille bagnole, mets le contact et démarre sans crier gare. Au prochain coin de rue, je m'aperçois que j'ai une crevaison. Je laisse la voiture en plein milieu du carrefour et hèle un taxi.
— À l'église Notre-Dame, et vite s'il vous plaît.

Le chauffeur regarde sa montre.
— Il est deux heures du matin, si je ne suis pas indiscret, qu'est ce qu'il y a à l'église en plein milieu de la nuit.

Je vais répondre mais je m'avise à temps. Le pape a invité des journalistes et non des chauffeurs de taxi.
— C'est ma mère qui vient de me demander en rêve d'aller là-bas.

— Ah, dit-il, en hochant gravement la tête, le vaudou...
— C'est ça, le vaudou.

Il me dépose devant l'église sans autre commentaire et se range pour m'attendre. J'arrive en même temps que deux autres confrères. L'un, un Turc qui publie une chronique religieuse dans un hebdomadaire édité à cinq cents exemplaires. Et l'autre, c'est l'éditorialiste d'un journal grec supposé mensuel, mais qui paraît seulement quand on le voit dans les kiosques.

Nous sommes une douzaine de confrères dans la grande salle de l'église. Des journalistes qu'on ne voit jamais dans les conférences de presse. Aucun homme politique important ne nous a jamais fait la moindre confidence, ne serait-ce qu'à propos de son choix de dentifrice. À tel point qu'aucun d'entre nous ne se considère, au fond de lui-même, comme faisant partie de la corporation. Et voilà, nous sommes là avec une convocation du pape.

Quelqu'un, un confrère de la presse guinéenne, demande brutalement à l'attaché de presse du Vatican qui nous a reçus l'explication de ce choix.

L'attaché de presse (un jeune prêtre) jette sur nous un regard plein de compassion. Nous ne ressemblons plus, avec nos yeux ahuris et nos visages bouffis de sommeil, à des journalistes.

Eh bien, répond l'attaché de presse, Jean-Paul II n'est-il pas le pape des démunis? La presse nord-américaine est aux mains des hommes d'affaires; Jésus n'a-t-il pas chassé les marchands du temple?

Je pense que plus que jamais les marchands se sont installés dans le temple. Les effigies, les posters, les assiettes, les macarons (avec le portrait du pape) qui se vendent un peu partout montrent tout simplement que le business a changé de boss.

Un jeune journaliste camérounais lance à haute voix ce que je médite tout bas.

L'attaché de presse va répondre quand le pape surgit prestement derrière l'autel.

Je me demande ce que vous voulez me demander, dit-il pour s'introduire.

Nous restons cois, puisque c'était lui qui nous a invités à venir le voir. Personne ne veut contrarier le pape. Il laisse s'écouler une bonne minute, le temps pour nous de trouver les questions. Puis, il dit simplement:

— Appelez-moi Karol.

Cette façon si amicale de se présenter dégèle l'ambiance.

Tout cela se déroule si vite que je commence à peine à prendre conscience que je suis en présence du pape. Je ne sais pas pour vous, mais chez moi, c'est chrétien. Alors là, vraiment chrétien. Quand ma mère va savoir que j'ai rencontré le pape, comme ça, face-à-face, d'homme à pape, et que je n'ai trouvé aucune question à lui poser, elle va me renier.

Parce que le pape, vous savez, c'est plus que du bonbon. Et nous, nous avons l'air de vieilles chaussettes mouillées. Je n'ose bouger, mais ce que j'aimerais demander au pape ce serait plutôt des trucs simples. Par exemple:

— Comment ça va Karol?

— Comme ci comme ça, Laferrière.

Rencontrer le pape face à face, c'est encore pire qu'une dizaine de *rounds* avec Foreman.

— Et le boulot? C'est pas toujours facile?

— C'est pas donné.

Voilà le genre de conversation qu'un tel homme m'inspire. Mais le pape a déjà pris place sur un des fauteuils près de l'autel et son visage méditatif me tient en respect. Il nous invite à nous rassembler autour de lui.

Vous êtes, ici, au nombre de douze. J'ai une mission pour vous.

Il nous remet à chacun une lettre scellée du sceau personnel de Saint-Père.

Vous ne devez ouvrir cette lettre que dans un mois.

Voyant nos visages pétrifiés, il ajoute avec son sourire malicieux: *N'ayez aucune crainte, je serai avec vous.*

Il nous embrasse tous à la fin en nous faisant avec son pouce droit une petite croix cendrée sur le front.

Je pars un peu groggy.

Le taxi m'attendait.

— C'est qui, l'homme en blanc, qui vous a reconduit à la porte, me demande indiscrètement le chauffeur?

— Ah, lui... C'est Karol...
— Karol!
— Si tu veux, mon brave, c'est Jean-Paul II.

Je ne sais pas pourquoi, mais non seulement le chauffeur a grillé tous les feux rouges, il a refusé de prendre mon argent. Le taxi me dépose devant ma porte, juste à temps pour voir un policier en train de garer ma voiture. Le pneu crevé était gonflé et le policier ne pouvait me pénaliser parce qu'il avait tout bonnement oublié son carnet de contravention. «Ciel! déjà les miracles», me dis-je. Je monte et je me couche avec la lettre scellée sous l'oreiller. Je n'arrive pas à trouver le sommeil. Je suis un des douze.

N.B.: Quand j'ai rencontré Karol, il venait d'être élu pape et on ignorait quel type de pape il serait. On retient de lui du bon et du mauvais. Sa fin fut assez émouvante. C'est un certain Ratzinger, ancien grand inquisiteur, qui le remplace, et je n'ai aucunement envie de le rencontrer. J'achèterai simplement de bons pneus tant qu'il sera pape.

Censure

J'ai été censuré deux fois dans la même année par la très sérieuse revue *Collectif Paroles*. La première fois pour un article politique. L'histoire est assez amusante.

Le *Collectif Paroles* m'avait demandé de couvrir les élections dans l'aile haïtienne du Parti Québécois. Je m'étais gentiment rendu à l'Université du Québec à Montréal où se tenaient ces élections.

J'avais tout de suite remarqué deux choses. D'abord un excès de règles démocratiques, comme si l'on s'exerçait à un jeu trop grave.

Ensuite au moment d'aller voter j'avais senti dans la salle une frénésie trop vive pour ce qui se passait là. Le déploiement de tous les fastes de la liturgie électorale dans cette modeste salle de brasserie. On aurait dit une véritable crise rituelle. Des mouvements saccadés, épileptiques, proches de la transe sexuelle.

J'avais donc titré l'article: «Un orgasme électoral».

Bien sûr, c'était compréhensible, puisque la plupart des gens présents dans la salle (tous Haïtiens) n'avaient pas voté depuis vingt ans. Et ceux qui avaient moins de quarante ans n'avaient jamais voté de leur vie. Et si on n'a pas voté la faute revient non seulement au pouvoir en Haïti qui caricature le suffrage universel mais aussi aux institutions et partis politiques de la diaspora qui l'ignorent totalement dans leur mise en scène.

On peut bien imaginer l'excitation que provoquerait en Haïti un retour aux véritables élections. Un orgasme à répétition. L'autre article censuré a été publié deux ans plus tard. C'était un reportage sur la liberté sexuelle des jeunes filles de Port-au-Prince.

Il faut comprendre que tout article refusé par une revue ne peut être considéré comme censuré. Pour ma part, on est censuré quand l'éditeur vous dit que votre article est bien écrit, que sa longueur est bonne mais qu'on ne peut le publier à cause de la sensibilité du lecteur. Et c'est ce qui m'était arrivé dans les deux cas. Il ne faut surtout pas croire que les rédacteurs de *Collectif Paroles* sont des êtres pudibonds, un peu sadiques sur les bords, qui ne pensent qu'à la censure. Non, non et non, ils sont plutôt angoissés. Claude Moïse, alors rédacteur en chef, tenait à ce que l'article paraisse. Émile Ollivier m'a confié en me reconduisant que l'Amérique, en censurant les livres érotiques de Miller, n'était pas du côté de la liberté. Il avait dit Henry Miller. Me comparer à Miller, même sous le label Censure, me gonflait d'orgueil. Mais le fait restait têtu, ils avaient censuré cet article afin de préserver la pudeur du lecteur. Pour ma part, il n'y a pas de sujets tabous, il n'y a que de mauvais écrivains.

L'histoire a une courte suite. Deux ans plus tard, j'ai coupé un peu partout et l'article a été accepté. J'ai rencontré Gérard Baptiste, dans un bar. Il était à l'époque rédacteur en chef de *Collectif Paroles* et il m'a longuement parlé de cet article qu'il m'a dit avoir aimé et défendu pour finalement me déclarer qu'il le publierait avec quelques coupures, par exemple le mot clitoris qui apparaît plusieurs fois alors qu'une seule fois, c'était amplement suffisant.

Bien sûr, il ne faut pas choquer le lecteur, mais en même temps on ne peut pas continuer à écrire cette littérature à l'eau de rose. Je n'emploie pas le mot clitoris ou pénis pour choquer les honnêtes gens (au fond, je me fous éperdument des honnêtes gens), mais parce qu'ils sont des organes humains autant nécessaires que les yeux, la bouche ou le nez qui choquent moins.

Je crois que l'écrivain doit provoquer un malaise chez le lecteur, sinon qu'il rentre chez lui dans ses pantoufles. L'écrivain doit à chaque fois jouer sa tête. Il n'est pas là pour écrire ce que le lecteur aurait écrit; il est là pour écrire seulement ce que, lui doit écrire. Et ce qu'il écrit, lui seul peut l'écrire. Personne ne peut le faire à sa place. Il est unique, sinon ça ne vaut pas la peine.

Père et fille

Lundi dernier, ma fille a eu la grippe et nous avons passé la journée ensemble.

Elle s'était réveillée un peu tard. J'étais déjà accroché à ma machine à écrire, tapant cet article comme un dératé. Elle m'a appelé de son lit et ne me voyant pas arriver, elle est venue me trouver au bureau.

Il faut dire que pour faire ce trajet, elle doit longer un couloir assez froid. Elle l'a fait nu-pieds. Elle voulait avoir la plus grosse grippe de toute l'école.

La radio jouait une chanson de Tina Tuner. Moi, elle me fait mourir, Tina. Ma fille connaît bien cette chanson. Elle a monté le volume et a commencé à danser. Je la regardais danser. Elle a le style de Tina.

J'ai toujours dit que quand elle aura des amoureux, je ne serai pas jaloux. Au contraire, je les inviterai chez moi. Mais, je garderai toujours sur moi une fiole de poison, et au moment de leur servir à boire... Ni vu, ni connu.

Tout de même, je suis prêt à la laisser partir, faire sa vie avant l'âge de 55 ans. Aujourd'hui, elle en a quatre. Il ne faut pas croire que, pour autant, elle est facile à vivre.

J'ai remarqué tout dernièrement un va-et-vient dans mon bureau. Elle apportait des choses. Elle en ressortait avec d'autres. Je voulais avoir une explication de ce mouvement. Elle est arrivée avec son petit visage mutin des mauvais coups. J'ai mené quand même mon enquête. Et l'enquête a révélé que cette personne avait un bureau clandestin dans un coin de mon bureau.

Je vais être clair. Je ne suis pas assez égoïste pour empêcher quelqu'un d'ouvrir un bureau dans mon bureau. Seulement quand cela arrive, j'aimerais être mis au courant. Naturellement, j'ai demandé à la personne en question de vider les lieux. Sans préavis. Elle s'est mise à hurler, réclamant sa mère à cor et à cri. J'aurais pu, moi aussi, réclamer ma mère. On a appelé sa maman à son travail. Et elle a pu porter plainte contre moi. Pas directement pour le bureau. Paraît que je l'ai maltraitée, j'ai refusé de lui donner à manger, je lui ai pas mis ses chaussettes et c'est pour ça qu'elle a une grosse grippe. Naturellement sa mère a tranché en sa faveur. Et c'est ainsi que depuis trois mois, je partage mon minuscule bureau avec une petite fille, deux oursons, un camion, une poupée, un tourne-disque et un chien imaginaire.

La chanson de Tina terminée, elle est venue se frotter contre moi comme un jeune chiot, me demandant ce que j'étais en train d'écrire.

— J'écris un article sur toi.
— Sur moi, comment?

Les enfants adorent qu'on parle d'eux. Au fond, sa question est pertinente. Je ne la connais pas. Pourtant, je m'occupe d'elle. Chaque matin. Je la réveille. Je lui fais sa toilette. Je lui prépare son déjeuner. Je l'habille. Je l'aide à manger et je l'emmène à l'école. Pourtant, je ne la connais pas.

Je ne sais pas comment fonctionne son intelligence.

L'autre jour, elle m'a demandé pourquoi on doit fermer les yeux pour dormir.

— C'est pour éviter que la lumière nous empêche de dormir.
— Alors pourquoi on ferme les yeux aussi dans le noir?
— Bon, on ferme les yeux comme on ferme les poings.
— Je ne ferme pas les poings, me dit-elle.
— Tu n'en sais rien puisque tu dors les yeux fermés.

Deux jours plus tard, elle me réveille en plein sommeil.

— T'as pas les poings fermés.

À cela, on ne peut rien dire.

Un jour, je l'ai emmenée à Radio Canada. Marie-Thérèse Désinor, c'est sa copine. Dès son arrivée, elle s'est mise à hurler «Abobo Abobo Abobo». C'était vraiment l'entrée d'une mambo. On ne parle pas de ça à la maison. À l'école, elle ne rencontre pas d'Haïtiens. Elle n'avait pas deux ans quand elle a été en Haïti. Alors?

Alors, je n'ai rien compris. Je ne la connais pas. Je ne connais pas toutes ses affaires. Elle a son mystère. Je peux faire une description physique d'elle. Elle a un visage allongé, un corps mince et bien ficelé, des yeux vifs et brillants, la langue bien pendue. Je ne peux pas dire pourquoi dès qu'elle entend la musique haïtienne, elle tourne comme un derviche. Pourquoi elle connaît la plupart des chansons de Martha Jean-Claude. Eh bien, figurez-vous, je me crois plus haïtien qu'elle et ces choses m'ennuient royalement. Je n'ai jamais eu le fameux *beat*, ni une bonne oreille non plus.

L'autre jour, elle m'a demandé ce que cela voulait dire un hougan. Je lui ai dit (je ne veux pas de polémique à ce sujet) que c'était l'équivalent d'un médecin. Un mois plus tard, on a été à son rendez-vous médical. Son médecin est une Québécoise. Elle est entrée et a dit «Bonjour Hougan Belland».

J'ai eu l'idée de cet article parce que le journal de son école m'a demandé de répondre brièvement à ces deux questions. Que pensez-vous et que ressentez-vous du fait que votre enfant n'a pas eu la même enfance que vous? Et du fait que votre enfant connaîtra très peu votre pays d'origine?

Pour répondre franchement, cela ne m'intéresse pas.

Éloge de la paresse

Je passe la moitié de ma vie dans le bain. Je suis un aquatique. C'est là que je passe mes coups de fil. C'est là que je réfléchis à mon prochain article.

C'est tout un rituel. Je mets l'eau à température chaude. Je cours chercher deux ou trois bouquins avec quelques revues que j'empile près de la baignoire. Je sais bien que je ne pourrai terminer aucun de ces livres, mais l'idée d'abondance me sécurise. Ensuite, je pose le téléphone près du lavabo. Et je m'installe. C'est là tout seul que je refais le monde.

Je n'écris pas dans le bain. Je rêvasse. Les idées viennent doucement, sans bousculade, comme sur un nuage rose. Les idées qui viennent ainsi ne sont pas toujours brillantes. Elles sont tout au moins légères. Il leur faut du temps pour se durcir et se changer en diamant. C'est pourquoi il est recommandé de rester au moins trois heures dans le bain.

Comme je passe une bonne partie de ma journée dans le bain, vous imaginez que je me suis équipé. J'ai un hydravion (rouge, blanc, jaune), trois petits bateaux et une machine à bulles.

Des fois, comme ça, dans le bain (surtout en hiver), je m'imagine en pleine mer Caraïbe. Et je fais des plongeons. J'achète des cristaux de sels marins et une poudre qui rend l'eau toute bleue. Et je pique, la tête la première, dans le vert paradis de mes amours enfantines.

À cinq ans, j'étais follement amoureux de ma cousine. Je la suivais partout où elle allait. Si elle pleurait, je pleurais aussi. Elle avait un rire aigu qui me rendait fou de joie. Si vous n'avez jamais été amoureux, vous ne pouvez pas comprendre ça. C'est une chose terrible qui peut vous tomber dessus à n'importe quel âge. À cinq ans comme à cinquante ans. C'est une féerie.

C'est à ce genre de choses que je pense dans mon bain. Vous comprenez pourquoi j'y passe la moitié de ma vie. Parfois, je me demande ce qui m'empêche d'y passer toute ma vie.

Paraît qu'il faut travailler dans la vie. Le travail. J'ai cherché dans un dictionnaire étymologique l'origine du mot travail. Travail vient de *speculum*, mot latin qui signifie «instrument de torture ou instrument pour ferrer les chevaux». Je savais qu'il y avait quelque chose de louche dans ce mot. Tout de même, ça fait un choc.

J'ai un petit livre de chevet. Son auteur: Érasme. Le titre: *Éloge de la folie*. L'histoire de ce livre est assez amusante. Érasme avait entrepris, avec d'énormes bouquins, de changer le cours de son époque. Un jour, en voyage, il décide de noter ses idées les plus folles. Les plus sincères. Tout en faisant des cabrioles. Il voyageait avec des chevaux et beaucoup de vin. Dans ses haltes, il notait. Des impressions, très librement, sur Platon, sur Socrate, sur à peu près tous les grands hommes. Il les juge avec les yeux de la déesse Folie. Et personne n'échappe à l'œil aigu, perçant de la terrible déesse. Érasme s'amusait ainsi. Et aujourd'hui, cela fait un an depuis que je tiens cette chronique régulièrement. Cela n'a pas été facile pour un paresseux comme moi. Je peux dire que chaque semaine, je rêve de trouver sur mon bureau l'article terminé sans que j'aie eu à lever le petit doigt. Alors par superstition, je laisse toujours une feuille blanche dans la machine. On ne sait jamais.

C'est le jeudi matin que j'écris généralement mon article. J'emmène tôt ma fille à la garderie et je prends une petite marche en pensant à mes premiers mots. L'essentiel, c'est l'attaque. Dès que la tête passe, tout le reste du corps passera. Ça me prend presque autant de temps à trouver cette première phrase que pour le reste de l'article. Il faut qu'elle soit claire, directe, sans bavure. Et en plus qu'elle résume en totalité l'article. Juste en lisant cette phrase, le lecteur doit savoir à quoi s'en tenir. C'est pas tous les jours qu'on tombe sur une perle pareille.

Le premier paragraphe écrit, il faut tout de même continuer. Sur trois pleines pages dactylographiées en double interligne. Pour qu'il soit à temps à New York, je dois parfois poster moi-même l'article avant midi. Par express, ça coûte un dollar et quarante-trois sous, mais on l'aura à New York au plus tard lundi.

L'article posté, je me frotte les mains. La joie que procure le travail terminé. Mais ce n'est pas fini. Ma chronique est lue, m'a-t-on dit au journal, par au moins 50 000 personnes. Chacune de ces personnes m'examine à la loupe. Pour me descendre. Pour me rabattre le caquet. Pour qui se prend-il, celui-là? Donc, chaque semaine 10 000 personnes trouvent que mon sujet est mauvais, mon style trop mou, ma désinvolture obscène, et ils me le disent. Je reçois au moins une trentaine de coups de fil chaque week-end me demandant pourquoi je continue. Je réponds aujourd'hui: parce que j'ai une petite fille à nourrir.

Le mulâtre broie du noir

La révolution faite, les mulâtres dépossédés deviennent par décision du Conseil révolutionnaire propriété d'État. Certains hauts fonctionnaires noirs les prennent à leur charge. Le Conseil fait diffuser à travers les stations de radio de la capitale (chaque matin à 8h00) l'article I stipulant que: «Le Noir a deux de ses parents de couleur noire, le mulâtre n'en a qu'un ou pas du tout».

La R.R. (Radio de la Révolution) lance continuellement des slogans meurtriers: «gifler un mulâtre, c'est tuer un chien» — «Le service d'hygiène est prié de venir ramasser un mulâtre mort sur le trottoir de la grand-rue». Ces mots d'ordre du Conseil ne sont pas tombés dans des oreilles de sourds. Ils furent exécutés avec la plus extrême célérité et la plus franche violence.

L'éditorialiste du quotidien de la Révolution rappelle que «la vengeance se mange froid mais le mulâtre est meilleur plutôt chaud». Le nutritionniste de la révolution recommande de «bien bouillir la viande mulâtre afin d'éviter la trichine». Le diététicien national fait remarquer vainement que «la viande trop cuite perd de sa valeur nutritive». L'Église publie un communiqué faisant observer que «la loi reste identique: seul le poisson est recommandé le vendredi saint». Mais l'évêché dût retirer son communiqué sous la pression de militants extrémistes voyant là «une manière détournée de protéger les mulâtres».

Le Monde, le *New York Times* et *Stern* protestèrent contre une telle pratique cannibale qui viole les droits humains les plus élémentaires. Le Conseil de la révolution répondit froidement par un télégramme d'une ligne qui pulvérisa pratiquement l'ONU et fit sauter les salles de rédaction du monde entier: «La caste mulâtre est notre unique cheptel».

C'est alors que le député humaniste Edmée St-Juste intervient pour proposer la domesticité comme solution et fut traité de «Las Casas des mulâtres». Pour mémoire, Edmée St-Juste a déclaré en substance que «nous ne pouvons consommer une telle force de travail, la révolution ne peut se permettre par ailleurs de domestiques noirs sans sacrifier son idéal. Donc, la solution se pose avec le mulâtre. Un mulâtre équivaut à un bœuf». Le projet de loi bœuf fut adopté après vingt-trois heures de débats houleux.

Immédiatement le projet de loi adopté, la sous-commission chargée de ce dossier procéda à la distribution des mulâtres. Les officiers-généraux reçurent chacun un lot de dix mulâtres, tandis que les membres du haut-commissariat de la défense de la révolution n'en obtinrent que cinq.

Le législatif, dépité de sa portion congrue de mulâtres (un mulâtre pour deux juges), publia un rigoureux *Code mulâtre*. Il y est recommandé de ne pas traiter trop durement les mulâtres qui restent encore la propriété de l'État. L'article, que les radicaux ne manquèrent pas de traiter de révisionniste, stipule que «Le mulâtre n'est pas un esclave, mais un domestique».

Dans le domaine social, la révolution se changea en mondanité. Des parvenus ne manquèrent pas de dire tout haut (et cela dans les clubs fermés aux mulâtres) que «mon chauffeur est un Madsen», ce qui provoqua la réplique désormais classique: «Moi, le mien est un Brandt». On a même entendu une femme de ministre dire: «c'est très rare aujourd'hui un bon Brandt de la branche Oswald. Je n'ai pu obtenir qu'un cousin. C'est bon mais ce n'est pas la meilleure qualité». Un fin connaisseur de mulâtre, le docteur Weber, a déclaré à la télévision qu'un «Madsen a certainement meilleur goût qu'une bonne bouteille de Mouton-Rothshild».

Durant les premiers mois, les nouveaux domestiques, comme s'est empressé à les appeler le professeur Rock Charles, ne reçurent que des éloges de la part de leurs patrons noirs. Un commerçant noir confia à un collègue: «C'est très facile de réussir dans les affaires quand votre domestique a longtemps été directeur de la Banque Nova Scotia».

Les mois passèrent et les compliments se firent plus rares. *Le quotidien de la Révolution* publia un entrefilet apparemment banal, signalant que la femme d'un officier s'était plainte d'un vol commis par son domestique mulâtre. Cet incident rapporté par la presse déclencha un raz-de-marée de plaintes. Les motifs: les mulâtres ne sont pas propres, ils sont paresseux, ils ont la tête dure et ils sont rusés et malhonnêtes. Mme Saint-Lot, dont le jardinier est Madsen, a perdu une gourde qu'elle a retrouvée sous le matelas de ce jardinier. C'était grave: un Madsen qui vole une gourde! Aucune famille noire n'est donc à l'abri. Le professeur Rock Charles, dans *Radiographie d'une caste,* avance l'hypothèse que «plus les mulâtres sont de grande famille, plus ils commettent de menus larcins». On avait cru un temps avec le psychiatre Flavius à un suicide collectif d'une caste désespérée.

Donc, l'opération échange de mulâtres a été un fiasco. Devant l'ampleur du désastre et suite à l'analyse pénétrante du professeur Rock Charles, les hauts fonctionnaires avaient déclenché cette opération dite «échange» dans le but de refiler les mauvais sujets à leurs subalternes. C'est ainsi qu'on pouvait avoir facilement un Madsen contre seulement deux mulâtres de moindre lignage (alors qu'il en prenait cinq auparavant).

Pour arrêter l'escalade, le professeur Emerson Grillon publia une pertinente et enfin raisonnable analyse expliquant que «le comportement des mulâtres domestiques ressemble étrangement à celui de n'importe quel domestique, et cela, quelle que soit sa classe, ses antécédents, sa culture ou même sa couleur». Sous la pression populaire, le terme «couleur» fut retiré, mais l'article suscita malgré tout de profonds changements et contribua à faire baisser le taux de snobisme régnant.

Mais où sont les mulâtresses ?

L'action se passe un après-midi au restaurant Le Rond-Point. Deux hommes au comptoir du bar. Le garçon apporte un martini et un double scotch sur glace avec une rondelle de citron. L'homme presse avec autorité de ses doigts longs, fins et bruns, le citron dans son scotch. Le soleil féroce de trois heures n'arrive pas à transpercer son épais veston en tweed. Quand il lève la tête pour trinquer avec son vis-à-vis, un sourire luxueux affleure sur les lèvres épaisses. Cet homme est un haut fonctionnaire. Son vis-à-vis est un ancien camarade de classe qui lui demande une faveur.

— Entendu, dit le haut fonctionnaire, ça peut s'arranger, passe demain au Bureau de distribution des mulâtres, je t'en donnerai un.

— Un ! Pas trop mauvais, camarade, je ne veux pas un grand nom, mais un petit travailleur, honnête et respectueux.

— Bon, dit le haut fonctionnaire, je ne peux pas te garantir un mulâtre avec toutes ces qualités, étant donné qu'il n'y a pas de mulâtres sans défaut. Au fond, je ne vois pas ce qui te préoccupe, du moment que tu puisses gifler un mulâtre, ça devrait te suffire.

— Camarade, la révolution a dépassé ce stade.

— Camarade, le véritable devoir de tout révolutionnaire c'est d'accepter ce qu'on lui donne.

— Camarade fonctionnaire, je serais d'accord s'il n'y avait pas de mulâtres propriétaires.

— Qui ? Répondez ! Car vous attaquez l'intégrité de la révolution.

— Le camarade René Céleste...

— Le camarade Céleste n'est pas un mulâtre, c'est un griffe révolutionnaire.

— Camarade fonctionnaire, l'article I stipule...

— Au diable les articles, c'est le Conseil révolutionnaire qui décide qui est mulâtre et qui ne l'est pas dans ce pays.

— Camarade fonctionnaire, puis-je vous demander pourquoi on n'a pas fait jusqu'ici la distribution promise des mulâtresses ?

— Camarade, le Conseil siégeant a pensé que cela pourrait mettre en péril notre révolution.

— Comment ça ? Où sont les mulâtresses ? Où avez-vous caché nos mulâtresses ? Il y avait plein de mulâtresses dans ce pays ; on a fait une révolution pour une juste répartition des richesses humaines, camarade fonctionnaire, et brusquement il n'y a plus de mulâtresses, camarade fonctionnaire. La patience a des limites.

L'homme écume de rage contenue. Le haut fonctionnaire garde difficilement un sourire condescendant sur ses lèvres charnues. Le barman fait semblant d'essuyer le comptoir. La Radio de la Révolution continue de hurler à plein volume ses slogans meurtriers de vengeance par la voix du grand camarade haut-parleur.

Nous sommes dans la zone de l'Institut français et de l'Ambassade des États-Unis. Des mulâtres au début de la semaine ont essayé de se faufiler à l'Institut ou de gagner l'Ambassade. Un peu plus loin, l'Ambassade d'Italie refuse de donner protection aux mulâtres. Amnistie Internationale et le Vatican qualifient le nouveau gouvernement de sanguinaire et de raciste. Le Conseil de la révolution rectifie : il s'agit d'un problème de couleur et non de race.

Le haut fonctionnaire prend tout de même une voix conciliante pour répondre à ce militant de base qui questionne les fondements de la révolution.

— Voyez-vous, camarade, la mulâtresse a toujours été le point focal de la révolution. Le Conseil pense que la révolution est trop jeune et ne pourrait survivre à un tel choc. Chaque chose en son temps : les mulâtres d'abord, les mulâtresses ensuite.

— Camarade fonctionnaire, la révolution est peut-être jeune comme vous le dites, mais moi j'ai cinquante ans et ça s'en va. Je n'ai pas fait la révolution pour les beaux yeux du camarade Lesly Managua ni pour les vôtres, camarade fonctionnaire, je l'ai faite pour les mulâtres, alors vous les distribuez ou je les prends.

— Camarade, ne glissez pas sur la pente de l'anarchie. Le Conseil réfléchit sur la question, nuit et jour.

— Je sais, camarade fonctionnaire, comment vous réfléchissez la nuit sur la question des mulâtresses. Camarade, le peuple murmure que vous utilisez les mulâtresses à des fins personnelles.

— Camarade, c'est une calomnie! Nous menons deux projets extrêmement difficiles. D'abord l'opération sans progéniture, l'avenir n'est pas à eux. Nous interdisons donc aux mulâtres de s'accoupler avec les mulâtresses. Quant aux mulâtresses, le Conseil vient de construire au Champ de Mars le Centre de fantasme collectif sous l'égide du Ministère de l'orgasme révolutionnaire. Ce sera un grand bâtiment de verre où le peuple défilera comme dans un centre d'achat pour faire du lèche-vitrines. Les mulâtresses y seront encagées et il sera interdit de les toucher.

— Camarade fonctionnaire, on ne veut plus de grande propriété, de latifundia, on veut le morcellement des terres, le partage des richesses humaines, la séparation des biens. Le peuple veut, lui aussi, accéder à la mulâtresse.

— Camarade, on ne peut pas faire autrement. N'oubliez pas que nous sommes 6 000 000 de Noirs pour 90 000 mulâtresses. Nous ne pouvons tout de même pas couper chaque mulâtresse en soixante-six morceaux pour les distribuer au peuple.

— Camarade fonctionnaire, le compte des mulâtresses n'est pas exact. Vous trompez le peuple. Le chiffre officieux est de 150 000 mulâtresses. Le pays est tout de même petit, vous ne pourrez pas cacher trop longtemps 90 000 mulâtresses. Vous ne les avez sûrement pas envoyées dans un compte bancaire en Suisse. Camarade fonctionnaire, pour une dernière fois, où avez-vous caché les mulâtresses? Camarade, l'histoire vous jugera!

— L'histoire nous acquittera!

1986 : L'année de virage

Bon, me voici, moi aussi, à jouer aux prophètes. Pourtant, je suis à peu près convaincu que 1986 sera pour la question politique haïtienne une année extrêmement importante. Je ne fais pas cette analyse dans une tasse de café, ni à cause des événements récents survenus dans certaines villes du pays. Je fais plutôt cette analyse en regardant vivre les gens autour de moi. J'allais dire les gens ordinaires, mais personne n'est ordinaire. Et qu'est-ce que je vois? D'abord un ras-le-bol général. Les gens m'ont l'air totalement épuisés du duvaliérisme.

Duvalier, pour ma part, ferait mieux de partir avant le massacre général. Je dis ça, moi qui ne parle pas souvent de cette question, et Duvalier ne m'écoutera pas. Le pouvoir, comme dit Clitandre, est sourd. En douze ans de journalisme, je n'ai pas écrit plus de dix fois le nom de Duvalier, et à chaque fois, il lui est arrivé un malheur. Il devrait faire très attention ces jours-ci. À sa place, je laisserais passer l'hiver et prendrais l'exil au début du printemps. Car l'été 1986 sera chaud, semble-t-il. Si tout n'arrive pas avant.

Je n'essaie pas de protéger Duvalier, j'essaie d'éviter un bain de sang. Car, il y a des gens qui ne se sont pas occupés de politique depuis trente ans et qui s'y mettent aujourd'hui. C'est signe de fin de règne. Au fond quand on y regarde un peu, c'est terrible ce qui nous est arrivé en 1957.

Réfléchissons une minute. Si Duvalier n'avait pas pris le pouvoir en 1957 où pensez-vous que vous seriez, vous lecteurs, aujourd'hui? Oui, vous qui êtes en train de lire cet article, c'est une chose bouleversante que de réfléchir à cette innocente question. Mais, heureusement, on ne se pose ce genre de question qu'au réveil d'un cauchemar. Et ce n'est pas pour rien que le numéro 32 de *Collectif Paroles* porte un titre aussi évocateur: «Pour sortir du duvaliérisme».

Critique aveugle

Quand un roman est publié, il n'appartient plus à son auteur. Et il peut y avoir autant de lectures que de lecteurs. J'avais décidé de ne pas intervenir à propos des critiques (bonnes ou mauvaises) que pourrait susciter mon livre *Comment faire l'amour avec un Nègre sans se fatiguer*. Mais il faut dire que cette fois, ça vaut le déplacement. Guy Roumer, je ne sais pas si vous le connaissez, vient d'écrire une note (parue la semaine dernière dans *Haïti Progrès*) à propos de ce livre et j'en suis encore tout étourdi. C'est parce qu'en lisant la critique de Guy Roumer, j'ai vu qu'il parlait d'un personnage du nom de Mohamed. Il en parlait même plusieurs fois. Comme je ne me souviens pas de ce personnage, j'ai relu le livre afin de le retrouver. Pas de Mohamed. Pourtant d'après Roumer, c'est le personnage principal du livre. Je dois être fou si je ne puis me rappeler le nom du personnage principal de mon roman paru il y a à peine un mois. Roumer insiste. C'est comme si, lecteurs, quelqu'un se mettait obstinément à vous convaincre que vous avez trois enfants, alors que vous n'arrêtez pas de lui dire que vous n'en avez que deux. Vous savez, il se trouve toujours un indélicat pour vous expliquer les moindres détails de votre vie. Et c'est le cas avec Guy Roumer.

Il m'a fait aussi cadeau d'un personnage que je n'ai pas créé. Mais, maintenant que j'écris cet article je suis pris d'un doute, je me demande si vraiment Roumer n'a pas raison. J'invite donc les rares lecteurs de ce roman à chercher avec moi ce personnage du nom de Mohamed. Je suis prêt à payer cent dollars à quiconque le dénicherait. Par contre, s'il n'existe aucun personnage de ce nom dans le roman, Guy Roumer, comme punition, devra me recopier cent fois: «il ne faut jamais faire la critique d'un livre sans l'avoir lu auparavant».

Un autre pays

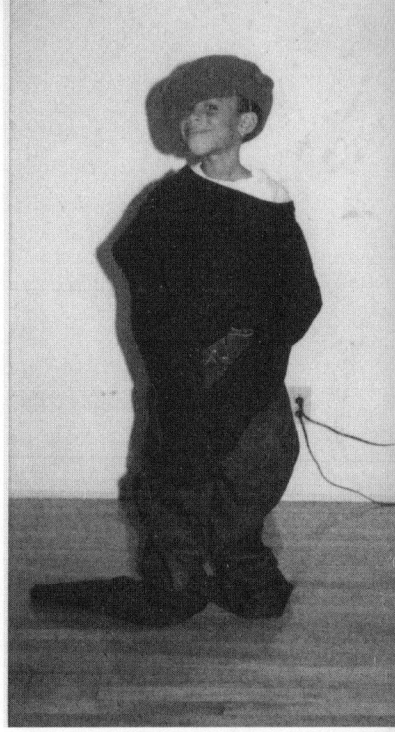

De retour de l'école, ma fille de cinq ans m'a demandé pourquoi Duvalier devait partir?

— Et toi comment sais-tu cela, ai-je dit?

Parce qu'Étienne (cinq ans aussi) a dit que c'est un méchant.

— Étienne a raison.

— Alors, il ne va plus avoir de pays?

— Peut-être qu'il ne pourra plus revenir en Haïti.

— Sa maman va partir aussi avec lui. Sa femme aussi. Tout le monde.

— Tout le monde. Il ne va rester personne en Haïti.

— Il y aura les autres personnes.

— Tu veux dire le peuple?

— C'est qui le peuple, papa?

— Tout le monde... Tu te souviens quand tu as été en Haïti, eh bien c'est toutes les personnes que tu voyais dans la rue. Toutes les marchandes, tous nos voisins. Même le monsieur qui fumait toujours sa grosse pipe dans la cour, tu te souviens?

— Le peuple va rester tout seul alors?

— Oui, mais le peuple peut rester seul parce que c'est des millions de personnes. Il n'y aura pas assez de bateaux pour transporter tous ces gens...

— Pourquoi on appelle toutes ces personnes: le peuple?

— Je ne sais pas.

— Qu'est-ce qu'il a fait comme méchanceté, le président?

— On lui a donné de l'argent pour acheter du lait pour les bébés et il a gardé tout l'argent pour lui et n'a pas acheté de lait.

— Et les bébés? Je sais, les bébés boivent le lait de leur maman.

— Non. Les bébés ne peuvent pas parce que les mamans n'ont pas de lait.

— Toutes les mamans ont du lait.
— Tu as raison. Les mamans n'ont rien à manger, alors elles n'ont plus une goutte de lait. Il faut manger pour avoir du lait. Le lait c'est de la nourriture...
— Je sais... C'est pour ça que les papas sont fâchés contre lui?
— C'est pour cela, mais il a fait aussi beaucoup d'autres choses méchantes.
— Comme quoi?
— Eh bien quand les papas sont fâchés, il les emprisonne.
— Qu'est-ce que ça veut dire «emprisonne»?
— Il empêche les papas de voir les mamans et les bébés.
— Alors que font les bébés?
— Ce que tu fais quand tu ne me vois pas.
— Ils pleurent.
— Des fois, il emprisonne aussi les mamans et les bébés.
— Les bébés aussi?
— Oui.
— C'est un grand méchant.
— Oui, et c'est pourquoi il doit partir
— Tous les bébés sont contre lui.
— Tous les bébés
— C'est les bébés qui lui demandent de partir?
— Les bébés, les mamans et les papas.
— Et que vont-ils faire après son départ?
— Un autre pays.

Désespéré à tuer

La plupart du temps, je prends le bus pour aller à New York. Au fond, c'est terrible, le bus. Tu ne peux pas dormir (j'y arrive parfois), tu ne peux lire que très peu et regarder le paysage quand on traverse les Adirondacks. Ce qu'il est possible de faire, c'est de s'assoupir en écoutant la conversation des autres. Le voyage force à la confidence. On a l'impression de faire un bout de chemin dans la vie avec quelqu'un. On ne sait pas trop ce qu'il y a au bout.

Deux hommes sont assis derrière moi. Par hasard. Ils ne se connaissaient pas avant. Tout de suite, l'un aide l'autre à arranger ses bagages dans le filet. À la douane, ils se mettent ensemble dans la même ligne. C'est toujours comme ça quand on sait qu'on va passer huit à neuf heures à côté d'une autre personne. On traverse la frontière américaine. Les Haïtiens, et cela avec raison, se sentent toujours écrasés par les fonctionnaires. On s'épaule de toutes les façons. Quelqu'un vous emprunte votre argent de poche. Quelqu'un d'autre vous conseille d'éviter tel fonctionnaire qu'on pense raciste. Nous nous ramassons toujours dans un coin comme un groupe de naufragés sur le pont d'un navire. On passe la frontière. Chacun se détend. Le bus roule généralement une demi-heure avant qu'on ouvre la vanne des confidences.

Les deux types derrière moi se sont présentés. Le plus âgé s'appelle Marc et il vient de St-Marc. L'autre est Franck. Je n'ai pas entendu le nom de sa ville natale.

— J'ai commis l'erreur de ma vie en la faisant venir à New York, attaque Marc.

— Qui ça? demande Franck.

— Ma femme.

— Ah... moi, c'est elle qui m'a fait venir, dit Franck.

— Tu penses, reprend Marc, j'ai dépensé une fortune pour cette femme, et voilà où j'en suis maintenant. Je n'arrive plus à allumer la télévision sans permission chez moi. Les enfants ne me respectent plus dans la maison. On me sert à manger en dernier. Quand je sors de mon travail, je n'ai aucun goût à rentrer chez moi. La plupart du temps, je passe dans un Kentucky et tu sais pourquoi?

— Pour passer le temps.

— Surtout parce qu'on ne me laisse pas assez à manger.

— Moi, dit Franck, ma femme me respecte et elle ne peut pas faire autrement. Elle doit savoir qu'un homme, c'est un homme. C'est au départ qu'il faut régler ce problème. Dès le premier jour, on doit savoir qui est le chef, sinon c'est perdu.

— On vivait bien avant, en Haïti, elle me respectait. Ce sont ses amies qui lui ont monté la tête.

— Fallait pas la laisser avoir d'amies.

— Elle ne sort pas.

— Alors?

— C'est cette saloperie de téléphone.

— Moi, je ne prends pas le téléphone, dit carrément Franck.

— Quand c'est pas le téléphone, c'est la famille qui la monte contre moi.

— Fallait être ferme. Ce qu'il faut, c'est un solide poignet.

— Comment pouvais-je savoir? Je travaille. Elle est à la maison. Les enfants sont à l'école. On ne peut jamais savoir ce qu'elle fait de sa journée.

— Moi, je ne travaille pas, dit Franck, insensible presque aux propos de Marc.

— Vous restez tous deux à la maison.

— C'est elle qui travaille.

Je devais aller aux toilettes. Je traverse l'allée en titubant un peu. C'est toujours ainsi quand on est resté trop longtemps assis. L'un des grands mystères de ma vie, c'est de savoir comment on peut pisser debout dans les toilettes d'un bus sans mouiller à côté? La solution, c'est de s'asseoir. Je m'assoie et je pense. Voilà Marc qui raconte sa vie à Franck et celui-ci ne lui prête aucune attention.

Marc oublie sûrement de dire combien il était violent et arrogant avec elle quand ils étaient en Haïti. Il ne voit pas que c'est sa violence que sa femme lui renvoie aujourd'hui. Chacun son tour, mais ça fait toujours mal. Je ne sais pas mais il me semble qu'on ne peut pas philosopher trop longtemps sur un bol de toilette. Je retourne à mon siège et c'est Franck cette fois qui passe aux confidences. J'aurais dû écrire aux aveux.

— Elle m'a acheté une voiture, dit Franck, une Camaro rouge, c'est qu'elle m'aime, hein? Alors, explique-moi pourquoi?

— C'est toujours un mystère, dit Marc, doucement.

— Ce que je ne comprends pas, reprend Franck, comme s'il se parlait à lui-même, c'est comment elle s'y prend. Je la dépose à son travail et, le soir, je passe la chercher.

— Il y a toujours des histoires avec des collègues de travail, dit Marc avec un fatalisme désespéré.

— Non, tu n'y es pas, elle travaille avec mon frère, et avec mon frère, c'est comme si j'étais là.

— Hum...

— Je fais tous les calculs, dit Franck brutalement, elle reste seule dans la journée en tout et pour tout huit minutes.

— C'est peut-être assez, dit Marc.

— En huit minutes, qu'est-ce qu'on peut faire? hurle Franck. Hein, qu'est-ce qu'on peut faire en huit minutes?

— Beaucoup, dit calmement Marc, peut-être pour apaiser Franck qui avait crié.

— Par exemple, demande Franck.

— On peut tuer, dit Marc.

Je crois que Marc a pris la décision de tuer sa femme en rentrant à New York. C'est incroyable, la vie, tu écoutes quelqu'un parler dans ton dos et c'est un être désespéré à tuer. Peut-être que Marc se tuera lui aussi. Franck n'a pas entendu l'accent terrible de Marc. Il est tout à sa comptabilité et, peut-être, à sa douleur aussi.

— Moi, dit Franck, je ne voudrais pas d'une femme qui n'a que huit minutes à me consacrer.

— Je prendrais, moi... Je prendrais bien huit minutes, dit Marc, complètement perdu dans ses pensées.

New York : les frères Laraque

Chez Paul, Queens, septembre 2005

Les frères Laraque chassent séparément, et de manière curieuse. Le cadet Franck, poursuit le gibier, l'attaque, le tue et le ramène mort à Paul.

J'ai utilisé cette métaphore guerrière parce que Franck Laraque, pour ceux qui le connaissent, ressemble à un aigle. En fait, c'est un curieux oiseau de proie, maigre, efflanqué, le visage émacié en lames de couteau, les yeux rapprochés, le tout sur de longues jambes pareilles à des échasses.

Paul Laraque, lui, ressemble à un Saint-Bernard.

Ces deux hommes symbolisent aussi New York. J'ai passé avec eux une nuit inoubliable. C'était, il y a cinq ans, la nuit du 31 décembre.

Franck Laraque était venu me prendre à la maison pour m'emmener souper chez lui. Je me souviens que nous avions très peu conversé durant le trajet. Il a une curieuse voix de baryton, des gestes nerveux et passionnés. Il peut intimider un interlocuteur.

Franck Laraque est obsédé par la question de la violence. Il a publié un essai sur la violence dans le théâtre de Sartre. Nous avions donc discuté de la violence avant de passer à table. Nous avions parlé, je crois, des Black Panthers, de la légitimité de la violence populaire et de LeRoi Jones.

Au cours de cette brève et plutôt sèche conversation, j'ai découvert une chose incroyable. Franck Laraque a un sourire désarmant, chaud et contagieux.

J'étais quand même resté sur mes gardes, parce que ce n'est pas chaque jour qu'on a la chance de s'entretenir avec un théoricien de la violence. De plus, Franck Laraque n'est pas du tout le genre bavard. Ce n'est pas un mondain. Son propos est mesuré. Alors que je raffole de conversations à bâtons rompus, légères, sans but précis, entrecoupées de grands rires.

Franck Laraque, lui, aime plutôt parler Révolution.

Il s'est décontracté malgré tout vers la fin du repas pour me confier qu'il n'avait jamais songé à devenir un intellectuel auparavant. Il était plutôt intéressé par l'équitation. C'est un sportif accompli (il garde encore l'allure) qui a même participé à des concours hippiques internationaux.

Ce fut un souper un peu guindé, traversé de temps à autre d'éclaircies fulgurantes de complicité.

Franck Laraque m'a amené alors à Paul. Je m'étais assoupi dans la voiture. Franck conduit bien à sa manière nerveuse et sûre. Manhattan est un diamant.

Je pense à Franck comme à un aigle qui a fait sa niche au cœur d'un diamant. Un aigle solitaire et furieux.

Franck parti, Paul m'a demandé si je prenais un verre. Je dis oui.

Franck est un homme charmant, me dit-il alors, mais on ne peut pas rester trop longtemps avec lui.

Puis après un bref instant, il ajoute:

Vous savez, il ne boit pas.

Paul Laraque, de ce fait, me parut sympathique. C'est un homme amusant même. Il boit et parle littérature.

Comme il venait, dans la saison, de recevoir un prix littéraire (*Casa de las Americas*), nous avons parlé de son œuvre. Une œuvre poétique mince. Deux livres en plus de trente ans d'écriture. La conversation porta, un peu plus tard, sur Breton. J'avais aimé son reportage sur le séjour de Breton à Port-au-Prince.

Paul Laraque me parut, ce soir là, mou, calme, apaisé comme un Bouddha assis. Le visage rond et les yeux d'enfant achèvent de donner de lui cette impression de naïveté.

Paul Laraque n'est pas naïf ou plutôt il refuse de l'être, et c'est dommage. Pour vous rendre compte du désastre, lisez ses essais.

Je ne connaissais pas encore à l'époque le Paul Laraque essayiste. J'allais bientôt le découvrir avec effroi. Les textes théoriques de Paul Laraque sont affreux, lourds et mal écrits. Ce sont de pénibles pensums. Le message qui y est inscrit est d'une telle platitude qu'on se demande si Paul Laraque ne fait pas exprès avant de s'apercevoir, avec stupeur, qu'il refuse de faire la moindre concession à la grâce.

Ce soir-là, j'étais avec un homme des plus charmant, plein de saveur et d'humour. Cela reste une énigme pour moi, chaque fois que le destin, aveugle comme un chameau dans le désert, me fait tomber sur un de ses épouvantables articles. Je me demande toujours avec la même douleur si c'est aussi l'homme dont j'ai fait la connaissance durant cette merveilleuse nuit de décembre.

Mais, revenons à notre soirée et retrouvons ce Paul Laraque si prévenant, qui m'a généreusement recopié les adresses d'écrivains de la Caraïbe, soufflé de bons tuyaux pour les concours littéraires de la région et même signalé deux ou trois procédés d'écriture.

À la fin de notre rencontre, il s'est passé une scène touchante. Madame Laraque était restée dans sa chambre. Vers minuit, Paul Laraque m'a gentiment laissé avec un sourire complice et enfantin (le Paul Laraque selon mon cœur) pour aller embrasser sa femme.

Paul et Franck Laraque dominent, comme des frères siciliens, la réflexion littéraire et politique à New York. Ils méritent le détour, car de toute façon, New York serait un peu moins New York, sans les Frères Laraque.

N.B. : Il y a eu une petite brouille entre Paul Laraque et moi après ce texte. Il m'écrivait dans *Haïti-Progrès*, et je répondais dans *Haïti-Observateur*. Mais tout s'est effacé quand je l'ai rencontré, car Paul Laraque est un homme merveilleux, d'une sensibilité touchante et surtout d'une incroyable générosité. Il est bien le seul écrivain de ma connaissance qui s'intéresse aux œuvres des autres. Toutes mes excuses, monsieur Laraque, même si elles viennent près d'un quart de siècle plus tard.

Un dimanche chez le coiffeur

C'est une vieille règle. Si tu veux savoir comment se porte une ville: va chez le coiffeur. Léo Joseph est passé me prendre à Queens pour m'emmener chez son coiffeur à Brooklyn.

Brooklyn est le grand quartier des Haïtiens. Il y a plus d'Haïtiens à Brooklyn que n'importe où en Haïti. Sauf à Port-au-Prince, bien entendu.

Cela me rappelle une anecdote. Deux vieilles dames capoises, un peu gâteuses, reviennent de l'église. Comme elles rencontrent beaucoup d'autres Haïtiens sur leur chemin, l'une, Amélie, dit à l'autre: «Victoire, tu ne vois pas qu'il y a beaucoup d'Haïtiens à Brooklyn». Et Victoire de lui répondre, la voix chevrotante: «Oh, Amélie, figure-toi, c'est encore en Haïti qu'il y a des Haïtiens».

C'est ça, Brooklyn.

Je ne connais pas bien Brooklyn. J'ai toujours admiré ses appartements spacieux, ses plafonds hauts et ses rues boisées. Mais l'image que je garde de Brooklyn est assez bizarre. Tous les appartements que j'ai visités me paraissaient encombrés d'énormes boîtes. Je voyais partout des boîtes ficelées. Des montagnes de choses reléguées dans un coin. Un coin poussiéreux. Je n'osais jamais demander ce que contenaient ces boîtes.

On me l'a dit un peu plus tard. Elles cachaient des meubles, de la vaisselle, des toiles à gaze, des bouteilles, etc. Des choses précieuses, utiles, ordinaires, que les gens avaient assemblées durant des années, préparant leur retour en Haïti, à leur retraite.

Dans ces boîtes, il y a des salons entiers, des pharmacies, des pièces de voiture, des machines à coudre Singer, des vêtements et même, m'a-t-on chuchoté, de la nourriture non périssable (huile, sel, sucre, épices). C'est le ventre de New York. Ces milliers de boîtes que l'on voit, comme ça, dans un coin, c'est le pays futur.

Il s'est passé une chose effroyable. Depuis deux ans, la nouvelle génération, née à Brooklyn, commence à jeter à la poubelle ces vieux objets mythiques. Ces jeunes gens menacent même de dénoncer leurs parents au Département de santé de la ville s'ils continuent à empiler ces vieilles choses. C'est une lutte terrible, horrible, effroyable, dont les conséquences sur la possibilité d'un retour massif en Haïti sont inimaginables. Pour un esprit le moindrement averti, le fait que ces gens aient accepté de jeter ces boîtes constitue l'événement politique le plus important des dix dernières années.

Brooklyn, c'est pour moi l'histoire de cet échec.

Le salon de coiffure où j'étais me paraissait une de ces rares vieilles choses à avoir survécu au ras-le-bol de la jeunesse. C'est une longue pièce, assez spacieuse avec trois fauteuils de coiffeur et une demi-douzaine de chaises adossées à un mur. À ce mur est accrochée une photo jaunie et pathétique de Martin Luther King sur laquelle est inscrit: *I have a dream*.

Quand nous sommes arrivés, il y avait déjà plus de six personnes qui attendaient leur tour. Deux coiffeurs travaillaient tranquillement. L'ambiance était calme, sereine.

S'il faut une brève description des coiffeurs. L'un est courtaud avec des avant-bras robustes et des favoris gris. L'autre, un peu mince, de taille moyenne et l'air plus jeune. L'un est griffe; l'autre, brun. L'un, bavard; l'autre, taciturne. Ce sont, me paraît-il, des associés, des amis, des complices.

On était plutôt calme un bon moment quand un grand maigre entre et se met à apostropher le coiffeur-taciturne:

Tu travailles toujours... As-tu le temps de donner un peu d'affection à tes enfants?

Tout cela dit avec le sourire complice et affectueux. Le coiffeur-taciturne laisse passer une bonne minute avant de répondre:

Je ne donne peut-être pas d'affection à mes enfants, mais je leur donne à manger.

Le grand maigre lui reprend alors du tac au tac.

Comment sais-tu qu'ils mangent? Tu n'es jamais là.

Ils mangent, sinon ils seraient morts.

Oui, concède le grand maigre, mais mangent-ils bien à leur faim?

Pas de problèmes, mes enfants sont bien membrés, ce ne sont pas des freluquets comme toi.

Le grand maigre, soixante ans sonnés, laisse passer quelques secondes avant de lâcher, en prenant la porte.

On aime pas les gros ventres. Ce sont des minces comme moi qui sont à la mode. Je ne peux pas dormir chez moi si je ne décroche pas le téléphone et pas de vieilles, hein, des jeunes de vingt-trente ans. Les femmes m'adorent comme ça.

Et il est parti. Nous retombons dans la somnolence à nouveau. Un jeune homme (dix-sept ans) refuse de payer les cinq dollars. Il n'en a que quatre. Une petite discussion. Finalement, on le laisse partir.

Enfin, c'est mon tour. Il y a un type qui pense avoir été là avant moi. Mais non... Il refuse de le croire et s'en va en claquant la porte. On le ramène. L'affaire, c'est que tout le monde veut aller au match de football et qu'il est déjà 3h00.

Dès que le coiffeur a commencé à me couper les cheveux, je me suis assoupi. Le ton a vite baissé. L'atmosphère est redevenue calme. C'est comme ça, un dimanche chez le coiffeur.

New York/Montréal : un voyage délirant

Je fais le trajet Montréal/New York au moins une fois par mois. Je le fais en voiture, en car, en avion, mais jamais en minibus. Un peu sur l'insistance d'un ami qui m'a poussé à prendre le bus, à cause de mon métier. Un peu à cause du prix forfaitaire (trente dollars par personne) et surtout pour voir de près un système marginal mis en place par l'ingéniosité, l'intelligence et la fantastique volonté de survie de la communauté haïtienne montréalo-newyorkaise.

On m'a donné un numéro à Montréal. J'ai pris contact par téléphone avec un certain M. Il n'est pas là, me dit sa femme, mais vous pouvez laisser un message. Bien, j'aimerais faire une réservation pour le voyage retour New York/Montréal. Je serai avec ma tribu (ma femme et ma fille), ça fait donc trois personnes. On fait un prix de soixante dollars. Je laisse mon numéro de téléphone de Queens.

Un peu plus tard, M. me téléphone et le rendez-vous est pris pour dimanche 8h00. C'est tôt! M. sera à Queens, donc je serai la première personne à bord. On passera prendre les autres à Brooklyn. Bien.

En effet, dimanche vers 9h00, M. est chez moi. C'est un homme d'une trentaine d'années, très vif, poli. Il a trois enfants, deux garçons et une fille. La fille, qui doit avoir douze ans, l'accompagne. M. est aussi accompagné d'un long jeune homme fluide, très doux, qui est aussi son co-pilote.

On fait monter tout le monde à bord et le minibus file vers Brooklyn. M. me dit qu'il a un problème avec le pot d'échappement. Il fait un bruit infernal. Nous sommes tous si excités de faire le voyage que nous avons fait semblant de ne rien entendre. M. insiste pour s'excuser. Il a un beau sourire franc. Sa fille et ma fille sont déjà de bonnes copines. Ma femme lit un bouquin qu'elle avait apporté pour faire la route. Le co-pilote sourit doucement.

M. nous conduit chez quelqu'un à Brooklyn. C'est son quartier général, dit-il. Tout le monde descend.

Salon rouge, spacieux. Toujours la mauvaise habitude de laisser la housse sur les fauteuils. Un appareil stéréophonique assez coquet. La maîtresse de maison, une jeune femme d'une trentaine d'années, élégante, est occupée à la cuisine. De temps à autre, elle vient au salon nous voir et faire jouer un disque français. Des jeunes gens arrivent en costume du dimanche. On s'habille à New York, le dimanche.

On attend une demi-heure. M. apprend que les gens qu'on attendait ne pourront pas être prêts avant une heure. Deux d'entre eux sont dans la salle de bain et il y en a un qui n'est pas encore réveillé. Des gens avec qui on avait rendez-vous.

On décide d'aller déjeuner dans un Mc Donald du coin, au lieu de rester à se mordre le pouce. Je me souviens que M. m'avait dit qu'on partait à midi. Je devais apprendre par la suite qu'il avait fait différentes promesses à d'autres personnes. Au moment de monter dans le minibus, il me dit qu'on part à 1h00.

On arrive au Mc Donald, mais M. ne reste pas avec nous, il a des courses à faire. Sa fille est avec nous. Je lui demande quand est-ce qu'elle pense qu'on part? S'il est passé midi, alors nous partirons vers 2h00, dit-elle.

Il fait un beau dimanche à New York. Un dimanche légèrement humide. Je sors mon carnet et un crayon et décide de tout noter. Ça promet.

M. arrive vers 12h30. On part ramasser les gens. Ma femme veut s'arrêter dans une boulangerie et ça complique encore le parcours.

M. est très gentil. Il dit que c'est sur notre route. On cherche quelqu'un sur Nostrand Avenue.

On n'a pas l'adresse exacte. On a le numéro de l'immeuble, le numéro de l'appartement mais les appartements à New York ont tous un chiffre suivi d'une lettre indiquant l'étage. Par chance, la personne descend nous rejoindre. Elle remonte — elle a oublié quelque chose — et redescend tout de suite. C'est une dame accompagnée de ses deux filles (neuf et douze ans). Elles s'installent derrière nous.

On continue. M. s'arrête pour prendre du pain. Je vais à la boulangerie haïtienne «Maxim's Bakery». En sortant, je prends aussi deux avocats. Je distribue. Une des filles en arrière prend les avocats pour des mangues. M. a mis de la musique du groupe Coupé Cloué.

On passe chercher une jeune femme, très coquette, un peu arrogante. Elle veut s'asseoir à l'avant, à notre place. Nous sommes là depuis neuf heures. Elle dit, et cela avec raison, que la dernière fois qu'elle était assise derrière, elle a dû se faire masser longtemps.

Nous retournons au quartier-général prendre les retardataires. Ils sont sortis. Ils sont partis acheter des robes, nous dit-on. Il faudra les attendre. Personne n'est content. M. vient nous dire que ce qui le tue, c'est que ces gens habitent New York. C'est vrai, on aurait compris s'ils étaient de passage.

On les attend. La voiture est fermée. Pas d'ouvertures. À peine deux fenêtres sur les côtés. La chaleur nous tuera. La dame, derrière nous, pense qu'elle est déjà dans son bain. La sueur. Les visages huilés. C'est l'enfer.

Les enfants parlent, jouent, crient. On ouvre une porte. Les enfants veulent descendre. Ils jouent sur le trottoir. Nous gardons les yeux fixés sur eux. Du moment que les enfants sont heureux, tout est supportable.

On attend les retardataires depuis une demi-heure. C'est un quartier haïtien. Des familles entières vont à l'église. Les femmes portent surtout des robes de jersey bleu. La rue est calme. Un homme s'éponge le visage avec un mouchoir de la couleur de sa veste. Les enfants portent des chaussettes blanches et des chaussures noires.

Finalement, voici les retardataires. Deux filles de dix-huit ans et un tout jeune garçon. Ils ne s'excusent même pas.

De toute façon, l'essentiel c'est qu'on puisse démarrer.

La dame derrière nous veut savoir si on va prendre sa cousine qui habite St John's Place.

Le chauffeur dit qu'on aura pas de place. Je me demande pourquoi il a promis plus de places qu'il n'en a. Peut-être parce qu'il n'est pas sûr que les réservations seront toutes confirmées. Non, il précise que la dame de St John's Place était en *stand-by*.

De nouveaux passagers montent. Encore des valises. Nous sommes submergés de valises. Des valises sur nos jambes. Des valises partout. Il y en a même une près du levier de vitesse. Pourra-t-il conduire?

On passe sur Eastern Parkway, la rue haïtienne de New York. Les Haïtiens sont là par grappe. Assis sur les bancs publics ou devant leur maison. On va prendre les derniers passagers. Encore des bagages. Le compte y est. Nous sommes onze femmes et quatre hommes. Il est 2h10. On vérifie si tout le monde a son passeport. Le voyage, enfin, commence. Je suis dans le minibus depuis 5h00.

On file. Je n'ai pas vraiment confiance dans le moteur. M. lance sa voiture comme un bolide. Il ne va pas en-dessous de soixante-quinze. Personne ne dit mot, mais visiblement tout le monde a peur. Il conduit trop vite, trop près des autres voitures qui le précèdent et fait ses changements de voie sans raison. En même temps, je me dis aussi qu'il faut tenir compte du fait qu'il n'a pas encore eu d'accident. Les accidents sur autoroute sont mortels.

Nous roulons ainsi, crispés, cinq heures de temps. On s'arrête pour se dégourdir les jambes, aller aux toilettes. On reprend après une vingtaine de minutes. M. roule plus vite encore. Je lui demande pourquoi. Il me répond qu'il le faut sinon on n'arrivera jamais à Montréal. On nous fait signe d'arrêter près de la frontière. Le policier – Buckley – demande à M. s'il est au courant du motif. M. répond que non. Vous faisiez du soixante-douze. C'est notre moyenne. M. le suit et revient, rayonnant, nous disant qu'il a pu convaincre le policier de lui donner une contravention de vingt-cinq dollars seulement.

On repart, M. pousse le moteur à quatre-vingt-cinq. Je lui demande encore pourquoi. Il me dit que s'il obéit au code de la route on n'arrivera jamais à Montréal. Enfin, on est aux douanes. Je remarque un manège entre M. et le co-pilote. Que se disent-ils? Eh bien, il se trouve que M. n'est chanceux qu'avec les femmes. Il cherche à se ranger de manière à passer devant une douanière. Malheureusement, il n'y a que des hommes aujourd'hui. M. est atterré. Nous sommes perdus. Heureusement, le douanier est gentil. Il ne nous fouille pas. Qu'avez-vous à déclarer? La dame derrière moi dit qu'elle a acheté pour dix ou douze dollars de cadeaux à New York. Elle doit avoir pour huit cents dollars de marchandises. Tout le monde se met au diapason.

Nous passons la frontière et M. nous dépose, une heure plus tard, à une station de métro de Montréal.

Queens : *Lady's Night*

On travaille dur à Brooklyn pour s'acheter une maison à Queens. Queens, c'est le coin rêvé. Il y a moins de serrures aux portes, moins de stress, moins de violence, plus de calme, plus de paix.

Brooklyn, c'est la lutte pour la vie. Queens, c'est le calme après la tempête. Bien sûr, ce n'est pas tout à fait aussi noir et blanc. Il y a des pauvres à Queens et des riches à Brooklyn, mais les mythes ont la vie dure.

Une dame de Nyack, banlieue de New York, m'a dit qu'habiter Brooklyn c'est risquer de se faire voler, de se faire manger, de se faire envoyer un zombi, de se faire rafler son mari. C'est habiter l'enfer tout en payant le loyer.

Et Queens? Ah, Queens, c'est autre chose. Bien sûr, Queens est un quartier un peu résidentiel. Avec ses gazons verts, ses véritables maisons, ses rues étroites et une ambiance moins pressée. La vie moins vite, quoi!

J'ai habité quelques mois à Queens et c'est un endroit ennuyeux à en mourir. Queens a l'air d'une maison de repos pour anciens mafiosi, aujourd'hui à la retraite, transformés en grands-pères gagas, en arroseurs de gazon, en téléspectateurs passifs.

Si vous avez vu le film de Coppola *Le Parrain*. Il y a une scène où Don Corleone, le vieux mafioso aux mains maculées de sang, joue avec son petit fils dans un magnifique jardin. C'est l'image suprême de la respectabilité. Mais nous savons que c'est un masque. Don Corleone n'est pas Victor Hugo. C'est un grand-père indigne, lui.

Les gens de Brooklyn montés à Queens exigent un excès de respectabilité. Ils se sont battus sans foi ni loi à Brooklyn, ont mangé, volé, emprisonné. Maintenant à Queens, ce sont eux qui disent que Brooklyn c'est l'enfer. Brooklyn c'est beaucoup plus qu'un lieu de passage, c'est notre *mater dolorosa* en Amérique du Nord.

Je vous dis ça, mais quand je suis à New York, c'est à Queens que je séjourne.

Je suis allé dernièrement à New York, au volant de ma vieille Ford. Elle s'est admirablement tenue sur la route. Naturellement, on a fait du 55. Les seules voitures que nous avons dépassées étaient bien celles qui avaient une crevaison ou une panne de moteur. De toute façon, on est arrivé assez tôt à Queens pour passer la soirée au Château-Royal.

Des amies de ma femme, des filles rieuses, ont voulu nous emmener au Lady's Night du Château-Royal, à Queens.

Il faut dire que nous n'étions pas dans leur programme. Elles passaient leur temps à essayer des robes et à nous demander notre avis. Comme je faisais preuve d'un peu de finesse, elles ont tenu à nous emmener. J'ai beau leur dire que je ne savais pas danser, mais allez dire cela à une demi-douzaine de filles rieuses, insouciantes, heureuses, prêtes pour la fête.

L'intérieur du Château-Royal est rouge. Les murs, rouges. Les nappes, rouges. C'est le triomphe du mauvais goût. On a l'impression d'être dans un aquarium, dans la chambre d'un enfant pervers. La salle est rouge et sombre.

Comme j'avais avec moi mon calepin, il me fallait une bougie pour voir ce qui se passait dans la salle et pouvoir noter mes impressions. D'où vient cette manie de danser dans le noir? Une sorte d'érotisme aveugle.

Pas moyen de trouver la bougie. Je suis allé frapper au bureau du manager. C'est une curieuse pièce qui ressemble plus à un vestiaire de boxeur qu'à tout autre chose. Tout était sens dessus-dessous. Un fauteuil éventré, un bureau assez solide, pas de poubelle. Accrochée au mur, curieusement, une photo de la Vierge à côté de celle de son fils regardant un poster de l'orchestre Tabou Combo. J'entrai. Un homme assis, derrière un bureau en train de manger. Je fis ma demande et, fort gentiment, on me remit une bougie rouge.

Une quinzaine de types debout face à l'orchestre. Des filles circulant, sans cesse dans la salle, le menton levé, le buste droit, mais les reins toujours dans le rythme, créant ainsi une atmosphère sulfureuse proche du désastre. C'est comme si on avait apporté de la gazoline pour éteindre le feu.

Vers une certaine heure, on me permit d'aller au bar chercher quelque chose à boire pour tout le monde. Le bar est à l'arrière, côté gauche. C'est une salle violemment éclairée et un peu nue. Il a fallu attendre car le barman avait envoyé chercher la glace.

J'écoutais, accoudé au comptoir, Coupé Cloué jouer assez platement une musique sans surprise. Coupé Cloué, improprement dit, est un homme chauve aux allures de banquier, légèrement voûté, et habité par le génie du radotage.

Un homme, debout à côté de moi, a éteint sa cigarette sur le tapis. La cigarette a fait un trou gros comme un cendrier.

Le Roi Coupé se repose. De tout son long sur ses lauriers. Les gens refusent de danser. Coupé les y invite sans cesse. Personne ne bouge. Les gens sont ici comme à l'abattoir. Coupé raconte sa salade et quelques rires fusent; c'est tout. Son succès (à part son rythme entraînant) tient au fait déplorable que nous sommes l'une des sociétés les plus vaches. Comment peut-on rire aussi longtemps d'un tel chapelet d'inepties sans être un peu fêlé de la tête?

Ce qui prédomine, ici, c'est l'ennui. Une femme, à côté de moi, me murmure que Coupé a raison. À propos de quoi alors? Sa philosophie, me répond-on. Ah...

Brusquement une bataille s'est déclarée, près de nous. Une fille s'est approchée de sa rivale et l'a giflée promptement. La femme de tout à l'heure me chuchote, ravie, que Coupé a toujours raison, qu'il dit toujours la vérité, etc.

J'ai remarqué deux autres choses assez mystérieuses. Près de la moitié des hommes n'arrêtaient de circuler entre les tables, le regard vide, le visage sans vie. J'ai vu un homme passé seize fois devant moi en moins d'une demi-heure, Quelle activité absurde!

À la fin, on a eu des difficultés pour sortir. Un homme avait placé sa voiture (une Mercedès flambant neuve) en travers dans le parking. On l'a trouvé assis au bar, cool, saoul, méprisant, et une fille un peu endormie appuyée sur son épaule. Le type classique du salaud insouciant. Ça lui a pris trois quarts d'heure avant de se décider à venir déplacer sa voiture.

J'ai donc vu au Lady's Night l'une des sociétés les plus absurdes, les plus incontrôlables, travaillées au ventre par l'ennui et la bêtise.

Miami : le sourire de la cuisinière

J'ai été deux fois à Miami et à chaque fois j'ai perdu mes notes.

J'étais complètement découragé quand j'ai lu avec bonheur un reportage de V. S. Naipaul sur la Grenade. Naipaul expliquait un peu sa technique : jamais de notes.

La première fois, c'était en 1979. Je voulais faire un long reportage sur  la grande migration haïtienne des dernières années. Celle dite des boat people.

J'ai donc pris un bus pour Washington D. C. J'ai séjourné chez Anselme Rémy, qui s'occupait du Haitian Refugees Centre. Les travailleurs haïtiens étaient éparpillés dans la grande plaine du Delmavar (trois États réunis : Delaware, Maryland et Virginia).

C'est un coin très dur où les travailleurs migrants viennent chaque année ramasser les légumes. Ils habitent dans des baraques sales, sans eau, sans toilettes, parfois sans électricité et ils sont mal payés. Là encore, je parle des Américains. Si vous ne croyez pas, Ed. Murrow en a fait un reportage qui est peut-être le plus virulent constat d'échec de l'Amérique. De toute façon, je voulais dire que si les Américains sont traités de cette manière, imaginez un peu le sort des réfugiés haïtiens, épuisés par le voyage, ignorant la langue et les lois du pays et prêts à tout pour y rester.

Pourtant, il y avait pire. Je ne sais comment vous expliquer ce genre de choses.

Voici pour vous mettre un peu dans l'ambiance. Une femme par manque d'assistance a été obligée d'accoucher sur le bord de la route comme un animal. C'est-à-dire qu'elle l'a fait presque debout et le cordon ombilical a pété sous le choc. Eh bien, avec l'aide du Haitian Refugees Centre, je suis resté à me balader quelques jours dans la zone tout en prenant des notes.

Un esclave sans papier

C'est à Bridgeville que j'ai entendu pour la première fois parler de Miami. On avait visité un groupe de travailleurs haïtiens et ils nous avaient raconté qu'un type avait confisqué leurs papiers. Sans papiers, vous êtes un esclave. Un esclave de celui qui les détient. Quelque chose ne va pas dans cette histoire. J'ai voulu fouiller cette affaire.

J'ai rencontré un avocat américain qui s'occupe des travailleurs migrants haïtiens. Il me raconte qu'un jour à Miami il a entendu un fermier américain marchander des travailleurs haïtiens avec un autre homme. Quand il s'est retourné, il a remarqué que celui-ci était aussi un Haïtien. Ils ont fait un trafic de 60 Haïtiens.

J'ai décidé d'aller à Miami, qui se trouve en face du Golfe. Les habitants des pays de la Caraïbe n'ont qu'à se laisser glisser pour se retrouver un matin sur ses plages. C'est le ventre mou des États-Unis. On y rencontre des Cubains anticastristes, des Colombiens, de la cocaïne, des Haïtiens armés. C'est une immense chaudière où cuisent tous les fantasmes de pouvoir et de révolution.

Miami a l'air d'un lézard. Les gens semblent avancer lentement sous un soleil cuisant, en face d'une mer turquoise. Les affaires se règlent sous les cocotiers et on est à moins de deux heures de vol de n'importe quel pays de la Caraïbe.

« Little Haiti » ou l'Île d'Haïti

Un bus m'a emmené à Little Haiti. On l'appelle aussi l'Île d'Haïti. Un contact m'a ramassé au coin de deux rues et vite on m'a amené au restaurant, un restaurant haïtien. Après, on a fait le tour de Little Haiti. J'ai été étonné de trouver une vraie ville avec ses magasins, ses boutiques, ses garages, ses petits marchés, ses émissions de radio, ses librairies, ses partis politiques, ses leaders, ses écrivains, ses médecins. Le Révérend Jean-Juste domine la scène politique. Le poète Félix Morisseau-Leroy en est le barde. La chanteuse Farah Juste insuffle l'illusion lyrique, Marcus pour la radio, Jean Claude Exulien pour l'analyse politique, Jean-Claude Desgranges pour le militantisme médical. Les cadres sont là. Mais comment vit-on à Miami ?

Si tu veux prendre le pouls d'une ville, va au marché. Je suis allé au marché. Le petit marché n'appartient pas aux Haïtiens, mais ils en sont pour la plupart des employés. J'étais accompagné d'une dame (on ne va pas faire le marché avec un militant politique). Elle n'a pas voulu ce jour-là acheter de la viande parce que son boucher préféré n'était pas présent. Elle a une combine pour avoir deux portions pour le prix d'une. La majorité des clients sont des Haïtiens. Ils se plaignent des prix. Je ne sais pas si c'est vrai ou si c'est pour amadouer le boucher. Les bananes sont à bon marché. Le riz aussi. On fait le tour. Je traîne la patte pour écouter les gens.

Ce sont des *boat people* intégrés. On arrive à la caisse. La dame laisse passer tout le monde devant nous. Elle a aussi un contact à la caisse. Elle s'arrête. La caissière est une Haïtienne. Elle lui raconte ses problèmes de cœur. Elle parle avec confiance. D'après ce que j'ai compris, «il est revenu». C'est son mari. Un homme de Port-de-Paix. Il l'avait quittée pour aller vivre avec une autre femme toujours à Little Haiti. Elle est allée voir un hougan, un prêtre vaudou qui lui a coûté une fortune. Elle a prié Dieu et il est revenu.

Le sourire de la caissière

Il est revenu mais il ne desserre pas les lèvres. Il l'ignore. La dame lui dit de ne pas s'en faire, ça lui passera. Elle raconte qu'il ne parle même pas aux enfants et si ça continue, elle le laissera partir. Ne faites surtout pas ça, lui conseille la dame. La caissière a l'air songeur quelques secondes, puis ce sourire. Je ne pourrais pas vous décrire un tel sourire. Un sourire fin, malicieux, le sourire de celle qui a trouvé la solution douce. Pour moi, plus que tout autre chose, l'énorme vitalité de Miami, sa capacité de contestation et même le fait qu'elle soit le seul endroit où se passe quelque chose de vivant dans la diaspora, c'est le sourire de la caissière qui me viendra à l'esprit à l'évocation de Miami.

Voilà, si vous ne comprenez pas ce sourire, vous ne pouvez comprendre Haïti. C'est le sourire de l'intelligence face à la brutalité. La jeune caissière venait d'intégrer la violence dans son univers. Il ne faut surtout pas assimiler cela à la résignation. Pour une fois, regardons cette attitude du côté de l'intelligence.

Le visiteur étourdi et pressé que je suis ne peut comprendre Miami. Trop d'opinions différentes. J'étais venu pour savoir le nom de ceux qui vendent des Haïtiens aux fermiers racistes du Maryland. Il me semble qu'on ne pourra pas facilement savoir ce genre de chose. En tous cas, pas en une semaine.

Une dernière chose qui m'a fort étonné: les Haïtiens de Miami sont fiers d'eux-mêmes, de leur capacité à se regrouper pour faire face au racisme, de cette ville qu'ils ont créée sans l'aide de qui que ce soit. Et ce qui est à peine croyable, j'ai vu des gens normaux applaudir des leaders. Les Jean-Juste, Exulien, Marcus, les cadres, sont aimés et protégés.

Si vous êtes un militant déçu, déprimé, eh bien! prenez le premier avion et filez à Miami. D'ailleurs tous vos anciens compagnons, tous ceux que vous n'avez pas vus depuis un certain temps sont déjà là-bas. Tout le monde est à Miami. Allez faire votre B.A. au soleil.

Identité : Mort d'homme

Phède Eugène, dix-sept ans, haïtien malgré lui, s'est suicidé la semaine dernière à Miami.

Selon l'Agence France Presse (AFP), Eugène se serait suicidé parce qu'il était «honteux de ses origines haïtiennes».

Ce problème n'est pas nouveau.

Beaucoup d'Haïtiens, pour de multiples raisons, cachent leur origine. On a l'habitude de parler d'eux avec mépris. Eugène, en se tuant, exige des formes.

Procédons par élimination.

Eugène ne s'est pas tué parce qu'il n'a pu s'adapter à la vie américaine.

Toujours selon l'AFP, Eugène n'avait aucune difficulté à l'école. Eugène voulait devenir avocat et son ambition semblait raisonnable.

Enfin, Eugène parlait un anglais sans accent.

Donc, Eugène n'avait qu'un seul problème. Il était haïtien. Et ce problème n'était pas, paraît-il, d'ordre matériel puisque sa fiche signale un gagnant. Un gagnant à l'américaine.

Selon ses amis, rapporte l'AFP, Eugène ne supportait pas le fait d'être haïtien. On ne nous a pas dit exactement ses raisons. Et Eugène, à ma connaissance, n'a pas laissé un message écrit.

J'aurais aimé rencontrer Eugène avant sa mort afin de savoir ce qu'il reprochait tant à Haïti, ce qui l'a indigné à mort, au sens littéral du terme.

Maintenant que c'en est fait, tout le monde va mettre des mots dans sa bouche, des intentions dans sa tête.

Selon l'AFP, Eugène a quitté Haïti, il y a cinq ans, à bord d'un petit bateau.

Voilà la seule information importante.

Donc, Eugène avait douze ans quand il a dû fuir son pays dans des conditions extravagantes.

Eugène a dû croire qu'un pays qui l'oblige à de tels actes n'est pas un pays, pire, n'est pas son pays.

Tout cela peut être assez confus.

Il faut d'abord accepter sa logique. S'il a fait un tel raisonnement, Eugène est tout simplement un héros d'avoir été jusqu'au bout.

Je sais bien que les vieux nationalistes vont se mettre debout avec au bout du poing un drapeau fripé.

Ce sont des hommes qui ont été nourris par la propagande historique. Ils ont à la tête — incessamment — la geste haïtienne. Ils pratiquent cette superstition militante qui est l'espoir. Ils comprendront donc difficilement le désarroi d'un tout jeune homme de dix-sept ans.

Phède Eugène pose individuellement la question terrible: Haïti a-t-elle échoué?

Il a posé cette question d'une manière un peu brutale et absolue.

Si Haïti était pour lui un motif de fierté, il en aurait été fier, d'une manière excessive. Haïti est pour lui un motif de honte, il en a dramatiquement honte.

Donc, Haïti est sa passion.

En rédigeant cet article, il m'est tombé sous les yeux un livre de Mishima, *Le pavillon d'or* (1956). Le livre raconte cette curieuse histoire d'un jeune bonze japonais qui a mis le feu à l'un des célèbres trésors nationaux, le pavillon d'or du temple Rokuonji, à Kyôto.

Le jeune bonze, à peu près de l'âge d'Eugène, a incendié le temple par haine de la beauté.

Le pavillon d'or était pour lui une insupportable insulte. Il était laid, bègue et corrompu. Il n'en pouvait plus de voir le pavillon d'or. Il conçut l'idée de le brûler.

Eugène aurait peut-être souhaité voir disparaître Haïti. Lui, c'est un gagnant. En moins de cinq ans, il a pu conquérir l'Amérique. Il ne peut supporter cet échec. Haïti est pour lui un échec monumental.

Dans le cas du pavillon d'or, c'est la laideur qui ne peut supporter l'existence de la beauté. Dans celui d'Eugène, c'est le gagnant qui refuse cet échec qu'il croit congénital.

Quelqu'un à qui j'ai parlé de ce drame m'a déclaré qu'il faudrait fusiller le cadavre d'Eugène.

L'église doit se méfier de sa trop grande force

Miami — Je suis allé vendredi quatorze mars, avec ma tante entendre Mgr. Romélus, évêque de Jérémie, dans la grande salle de l'église du Christ-Roi. Foule. Mgr. Willy Romélus est un homme grand, frêle, avec les traits du visage raffiné et des gestes de la main très gracieux. Il porte des verres. Ce n'est pas un orateur exceptionnel, mais les inflexions, les ondulations de sa voix lui confèrent un certain charme. Il organise son discours avec élégance, mais souvent se perd dans des digressions. Mgr. Romélus, comme tous les gens de l'église, aime particulièrement les paraboles. Ce soir-là, il a cité la parabole de l'enfant prodigue, mais l'essentiel de son discours est axé sur le pardon. Il disait que Dieu, parce qu'il est amour, est prêt à tout pardonner. Tous les péchés quels qu'ils soient, sauf celui contre l'Esprit-Saint. Parce que Dieu est justice, si vous passez votre vie à faire le bien et que vous la terminez avec le mal et qu'un autre passe sa vie à faire le mal mais se repent à la fin, eh bien le second sera mieux considéré dans la maison de Dieu que le premier. Bien sûr, il faut lier ce sermon empreint d'amour et de sagesse avec les récents événements survenus en Haïti. L'église (qui a été aux premières lignes du combat), depuis le départ de Duvalier, prêche le pardon et c'est à son honneur. Vous pouvez ne pas pardonner à ceux qui vous ont fait tant de mal, mais c'est le devoir de l'église de prêcher la réconciliation.

L'église refuse par contre de pardonner à deux groupes sociopolitiques: le vaudou et le communisme.

Si vous vous rappelez la signification du péché contre l'Esprit-Saint. Le péché contre l'Esprit-Saint c'est celui qui consiste à refuser la parole de Dieu, à nier l'essence divine.

Or l'église pense, avec raison, que le communisme n'est pas chrétien et l'église soupçonne le vaudou d'être de mèche avec le diable.

Donc, depuis le départ de Duvalier, l'église, consciente de sa force, entend régler définitivement ses comptes avec ses deux ennemis ancestraux: le vaudou et le communisme.

Avec le vaudou, l'église prend des gants. Mgr. Constant, que j'ai rencontré aux Gonaïves, m'a dit que ce n'est pas l'église qui demande la tête du vaudou, mais les fidèles qui ont fait le lien entre le vaudou et le duvaliérisme (que l'église identifie comme le mal), mais l'église feint d'ignorer qu'elle-même aussi n'a pas toujours été pure durant les vingt-neuf ans de Duvalier. De nombreux prêtres courageux ont été expulsés, mais beaucoup d'autres aussi ont marché avec Duvalier. (Que celui qui n'a jamais péché lui jette la première pierre). Mais l'église est forte aujourd'hui, elle vient de mener à la victoire un peuple qu'on croyait perdu. Elle semble assez puissante pour que rien ne lui résiste.

D'ailleurs, sous peu, rien ne lui résistera. Je ne sais pas si vous avez noté dans l'entrevue que Mgr. Constant m'a accordée cette formule heureuse mais hérissée de dangers: citoyen/chrétien. Le politique et le religieux. L'État et l'Église. Le citoyen de la nouvelle Haïti devra-t-il être chrétien? À une pareille question, Mgr. Constant vous répondra que non. Mgr. Constant, je l'ai déjà mentionné, est un homme calme et modéré. Mais ses fidèles ne le sont pas tous. Ils pensent que la bataille qu'ils viennent de gagner n'a pu l'être que parce que Dieu l'a voulu ainsi. C'est leur droit, mais si vous mettez en doute une si ardente affirmation, vous risquez gros.

J'ai un exemple. Mgr. Romélus est un homme qui accepte la discussion. Dans un de ses sermons, il a avoué sa joie d'avoir été corrigé par un fidèle. Mgr. Romélus confondait Holopherne avec Goliath. Ce qui peut arriver à tout le monde. Par contre, ma tante a failli me faire excommunier parce j'ai osé dire que je n'étais pas d'accord avec son évêque. Sur un point. Quand Mgr. Romélus déclare que nous ne sommes pas prêts pour une campagne électorale et qu'il mettait en garde le peuple contre les éventuels candidats. Ce qu'il dit est peut-être juste, mais ce n'est pas à l'église de décider à quelle date nous serons prêts pour une campagne électorale. Les candidats sont des citoyens haïtiens et ils ont le droit de partir en campagne électorale à n'importe quel moment. Parce que si l'église commence à se mêler de cuisine électorale, ça peut mener très loin. Si des voix ne s'élèvent (dans l'église même) pour mettre tout de suite les balises nécessaires, nous pouvons rapidement nous retrouver en face d'une église intolérante qui contrôlera la littérature, le théâtre, la poésie, le cinéma, la sexualité, l'avortement, le concubinage, tout cela au nom de cette guerre sainte contre le mal. Nous avons été contrôlés durant vingt-neuf ans au nom du mal, nous risquons de l'être aujourd'hui au nom du bien. Et alors, dites-vous, quel mal y a-t-il à vouloir le bien de ses frères? Vous verrez...

L'église doit s'appliquer à défanatiser ses partisans (ce que Mgr. Romélus a déjà commencé à faire avec son fameux sermon sur le péché), car le fanatisme peut être considéré comme un stimulus social quand c'est une minorité qui en est habitée, mais si la majorité d'un pays devient fanatique, quelle que soit la source de ce fanatisme, ce pays peut devenir très vite invivable. Je ne parle pas de foi; je parle de foi aveugle.

La puissance de l'église catholique est aujourd'hui à la grandeur de ce pays. Aucune force en Haïti ne l'égale. Même l'armée qui n'est pas acceptée partout. Comment l'église va-t-elle faire pour ne pas utiliser cette puissance à écraser tous ceux qui se trouvent sur sa route? Nous risquons d'avoir un pays complètement déséquilibré si l'église tire tout à elle, de toute sa force. Pour bâtir un pays, il faut que les forces s'équilibrent (l'église, l'armée, le législatif, l'exécutif, le patronat, l'opposition, les syndicats, etc.). Étant la seule institution totalement fiable, l'église concentre aujourd'hui beaucoup de pouvoirs entre ses mains. Contrairement à la formule de Mgr. Constant, permettra-t-elle à un citoyen de ne pas être chrétien?

Trois générations de femmes

Un jour, une amie m'a dit quelque chose qui me laisse encore pensif. Je n'avais pas mon calepin. Je n'avais donc pas pu noter la conversation. J'essaie aujourd'hui d'en faire une reconstitution de mémoire. Naturellement, je ne pourrai en aucun cas vous transmettre l'accent d'angoisse de sa voix.

— Tu sais, ma mère est une paysanne et je n'ai pas connu l'électricité dans mon adolescence, me dit-elle. Ma mère vivait comme ma grand-mère et mon arrière-grand-mère et ainsi de suite, je suppose. Brusquement, je casse cette tradition en allant étudier à Port-au-Prince. Déjà ma mère et moi avions très peu de choses en commun, donc très peu de choses à nous raconter et à partager. Après mes études, je pars pour Montréal et c'en était vraiment fini du pauvre lien qui nous unissait. Je ne parle pas de lien maternel, je parle plutôt du rapport vivant qui n'existe qu'avec des gens dont vous partagez le même projet social. Et la distance qui me sépare de ma mère restée dans une bourgade en Haïti est la même qui sépare un siècle d'un autre.

— Par exemple?

— Je ne fais pas l'éloge de ma vie à Montréal. Ce n'est pas toujours gai et je ne partage pas toujours son individualisme forcené, je te dis que je vis une autre réalité et — veut, veut pas — ça m'a changée. À peine arrivée à Montréal, j'ai commencé à travailler. Je rencontrais des gens. Je prenais de temps en temps un verre avec un ami et ça m'arrivait aussi de passer le week-end avec un homme. Toute chose impensable pour ma mère.

— Vous vous écrivez?

— Oui, surtout elle... Ses lettres m'attristent toujours, parce que je sens à leur lecture un amour vaste, désintéressé et en même temps je ne partage aucun de ses projets «pour mon avenir». Elle me demande dans chacune de ses lettres pourquoi je ne me marie pas, alors que je veux un enfant sans père. J'ai toujours rêvé d'un enfant et je ne vois pas pourquoi j'impliquerai un homme là-dedans.

— Voilà une vision que tu ne partages sûrement pas avec ta mère.

— Bien sûr... Je ne sais pas. Je ne comprends pas sa vie. Je trouve effroyable le fait qu'elle s'est sacrifiée pour son mari, mes frères et moi. Comment dire ça? Je ne dis pas qu'elle n'aurait pas dû le faire. Je n'en sais rien. Je ne la juge pas. Je dis que je ne comprends pas ça. Et c'est terrible pour moi de me sentir si loin dans mes fibres de la personne de qui j'aurais dû être la plus proche.

— Comment tu expliques ça?

— J'en ai marre des gens qui trouvent une explication sociologique ou psychologique à tout. Je ne suis pas fataliste à ce point. Si tu veux, je crois qu'il s'est passé quand même un événement important dans notre vie collective, c'est l'émigration massive de ces vingt dernières années. Ça a coupé le pays en trois: la campagne, la ville et l'étranger. Au lieu de deux, nous avons trois pays. Je ne vis pas comme ma mère, et ma fille née à Montréal est différente de moi.

— Elle est différente, comment, ta fille?

— Nous n'avons pas le même passé. Moi je me bats contre des principes que je trouve inadaptables ici, en Amérique du Nord. Des principes qui sont encore des miens. Alors que ma fille, c'est différent. Quand je lui raconte ma vie en Haïti, ma vie antérieure, elle m'écoute gentiment, des fois émerveillée comme on écoute les contes des mille et une nuits. Je n'arrive pas à lui faire partager le caractère vivant de ça, tu comprends ce que je veux dire? Je n'arrive pas à lui faire comprendre que des millions de gens vivent ainsi. Et il s'en est fallu de peu pour qu'elle naisse dans une bourgade sans électricité.

— Quelle est d'après toi l'image la plus forte qu'elle conserve d'Haïti?

— Haïti: des milliers de femmes prient chaque matin pour avoir un mari. Elle qui ne croit ni à la prière ni au mariage.

— Elle a des superstitions aussi, ta fille?

— Bien sûr, elle croit à la danse. Elle fait du ballet. Elle croit au corps. Elle fait du jogging et est à la diète parce qu'elle ne veut pas avoir trop de chair.

— Elle veut donc avoir un corps plat, un corps de danseuse occidentale.

— Elle veut donc avoir un corps propre au ballet. Des fois, je me lève et je la regarde. C'est terrible de voir sa propre fille comme une étrangère. Elle mange du yogourt et fait du camping. Dans ces cas-là, je comprends très bien ce que ma mère doit ressentir par rapport à moi parce que je conserve encore des peurs haïtiennes. Il y a en moi une fibre communautaire. Je ne partage pas l'individualisme de ma fille. C'est en cela que nous sommes différentes. Je suis attachée à certaines valeurs traditionnelles et, naturellement, je pense qu'elles sont les seules valables. Au fond, c'est la même chose avec ma mère, elle aussi croit à ses propres valeurs.

— Pensez-vous pouvoir vivre ensemble un jour?

— Ta question suppose qu'on ait l'envie. Alors, tout de suite, non. Ma mère ne pense même pas vivre à Port-au-Prince. Ma fille ne rêve que de vivre à Manhattan en raison de Broadway et moi, j'aime beaucoup Montréal.

— Donc, il n'y a aucune chance de vous rassembler?

— Aucune.

Montréal amorce le virage

L'un est un bureau.

L'autre est une maison.

Le Bureau de la communauté chrétienne des Haïtiens de Montréal et la Maison d'Haïti. Deux clochers dans un village de 40 000 âmes.

Le Bureau est une église orthodoxe. La Maison n'est pas très catholique.

Naturellement, ce sont deux sœurs ennemies.

Le Bureau s'est chargé de notre instruction en faisant une large part à l'alphabétisation de masse. La Maison entendait changer notre quotidien en s'occupant à fond de dossiers tels que la place de la femme dans notre société, la perte d'identité des enfants de la deuxième génération, etc. La Maison et le Bureau se sont occupés aussi d'une foule de dossiers chauds, mais ceci est une autre histoire.

En terme plus familial, le Bureau, c'est notre papa et la Maison, notre maman. Un affilié au Bureau n'adresse plus la parole à un vis-à-vis inféodé à la Maison. Et vice versa. C'est ainsi et personne n'a pu changer cette règle.

Quelquefois, le Bureau et la Maison entendent travailler sur le même dossier, et c'est la guerre.

Une guerre féroce. Chacun rappelle ses partisans et la moindre objection est perçue comme une trahison.

C'est une guerre froide. Ils n'en arrivent jamais aux mains. Mais le Bureau peut vous raconter en privé des histoires sur la Maison à vous faire dresser les cheveux sur la tête. Et vice versa.

C'est aussi une guerre des ondes. Le Bureau et la Maison dirigent chacun une émission de radio. Là encore l'attaque est rarement directe. On parle de choses et d'autres, mais les auditeurs, qui suivent cette lutte depuis près d'une dizaine d'années, commencent à déchiffrer la plus allusive pointe.

Un lecteur, qui ne vit pas à Montréal, aurait tendance à croire, en me lisant, que le Bureau et la Maison passent le plus clair de leur temps à se battre. En effet, la lutte leur mange un temps fou, mais il faut croire qu'entre-temps ils ont eu le temps (que de temps!) de construire le village. Sans eux, il n'y aurait pas de village.

Le village, c'est la communauté haïtienne de Montréal. C'est ce que nous sommes aujourd'hui.

Parfois, l'ennemi commun pointe la tête, alors le Bureau et la Maison s'unissent pour défendre le village.

Sitôt, l'ennemi commun repoussé, la guerre civile reprend de plus belle. L'ennemi commun, c'est le racisme, le sida, les dures lois d'expulsion du Ministère de l'immigration.

À chaque fois, on a vu le Bureau et la Maison aux premières lignes de front. Les années ont passé. Le village a grossi. Les enfants ont grandi. Ils ont d'autres vues. Ils se veulent plus modernes. Ils vont à l'université. Ils sont plus intégrés dans le grand Montréal. Ils font de tous les métiers. Ils sont cadres, ouvriers spécialisés, gens d'affaires, etc.

Plus de village. Les jeunes veulent une ville. Ils refusent de se référer pour la moindre chose au sorcier.

Le sorcier du village, c'est celui qui a réponse à tout. Sans lui, rien ne pourra se faire, rien ne se fera. C'est le sorcier qui assure le lien entre le village et l'extérieur. L'extérieur, ce sont les différents organismes publics du Québec, les ministères, la presse, etc.

Les jeunes disent que le temps du sorcier est terminé, qu'ils n'ont plus besoin d'intermédiaire entre eux et l'extérieur.

Les jeunes, vous savez, ne peuvent pas rester en place. Ils sont toujours dehors, c'est normal qu'ils connaissent l'extérieur.

Les jeunes prônent la spécialisation et la décentralisation. Vous savez ce que c'est? Eh bien, pour les questions de santé, ils ne veulent plus se référer au sorcier, mais à un médecin. Pour la mécanique, à un mécanicien. Pour la comptabilité, à un comptable. Pour la plomberie, à un plombier.

Les jeunes pensent que le sorcier ne doit s'occuper que de la sorcellerie. Tous ceux qui ont plus de cinquante ans savent que la jeunesse est ingrate. Ils ont oublié tout ce que le sorcier a fait pour leurs pères. Pour eux, le sorcier a beaucoup fait, mais c'est le propre d'un sorcier de ne pas apprendre aux autres comment faire. Dans leur hâte, comme disent les vieux, les jeunes oublient que la Maison et le Bureau, c'est-à-dire papa et maman, ne pouvaient pas faire plus que ça.

Les jeunes, oublieux aussi de l'histoire, accusent papa et maman d'avoir trop longtemps couvé ce mythe d'un retour au pays natal. Ils prônent la fin du temps de l'exil et le début de celui de l'émigration. C'est propre aux jeunes de remplacer les vieux et de se donner le mandat du changement. On n'y peut rien et ça aussi, c'est l'histoire.

Un jour, ces jeunes deviendront des vieux et on ne sait pas ce que leurs enfants leur reprocheront. Peut-être d'avoir préféré l'émigration à l'exil. La roue de l'histoire.

I Am Black and I Am Proud

Je ne me suis jamais senti noir, ni même haïtien. J'ai toujours été un citoyen de Petit-Goâve, la ville de mon enfance, ou plus précisément un natif du 88 de la rue Lamarre. J'ai été élevé dans ce cocon par une grand-mère qui m'a tout appris de la vie: l'amour, la joie, la sensibilité, la douleur et la mort. C'est dans cette ville que j'ai vu ma première pluie (l'odeur de la terre mouillée), que j'ai connu mon premier chagrin d'amour, que j'ai lancé mon premier cerf-volant (un après-midi d'avril), que j'ai pêché mon premier poisson. Et quand plus tard, vers onze ans, j'ai dû entrer à Port-au-Prince, j'étais déjà un homme. J'avais une vision du monde, une manière personnelle de voir. Ma grand-mère m'avait déjà tout dit, des hommes et des femmes. Il fallait coûte que coûte fuir le mal. Qu'est-ce que le mal, selon elle? Le mal, c'est de ne regarder qu'une chose à la fois, c'est de rétrécir la vie, c'est de croire que certains sont supérieurs à d'autres ou que certaines tâches sont plus importantes que d'autres. J'ai essayé tant bien que mal de ne pas pêcher selon ma grand-mère. Donc, ce qui se dit dans un salon n'est jamais plus important que ce qui se fait dans la cuisine. Il faut avoir l'œil féminin et la sensibilité masculine, et vice versa.

C'est à Port-au-Prince que j'ai appris que je suis un Haïtien. Cela n'a pas été la plus importante nouvelle de ma vie. Faut dire que c'est un peu inévitable pour quelqu'un qui a toujours vécu en Haïti. Et on ne m'a pas appris trop bien ce que c'était être haïtien? Bien sûr, il y a les poèmes d'Oswald Durand (1840-1906), de Massillon Coicou (1867-1908), de Roussan Camille (1912-1961) ou d'Émile Roumer (1903-1988). Bien sûr, il y a l'épopée de l'Indépendance. Mais rien de cela ne me disait dans mon quotidien d'adolescent de treize ans ce que c'était vraiment un Haïtien. Plus tard, j'ai appris qu'être haïtien c'est payer des taxes, assister à l'exploitation des autres en se fermant les yeux, humilier la femme, écraser l'enfant et s'amuser à des dates fixées par le calendrier national.

J'ai été assez froid à tout cela parce que ma grand-mère avait déjà fait de moi un être humain. Peut-être que si j'avais passé mon enfance à Port-au-Prince, j'aurais été un Haïtien (en ayant connu très tôt le matraquage patriotique, la boursouflure nationaliste). Je conçois qu'on peut être à la fois haïtien et humain. Je parle de mon cas. Donc être haïtien n'a jamais voulu dire grand chose pour moi.

Être noir, c'est pire encore. J'ai été effrayé quand j'ai appris qu'on pouvait être identique selon sa couleur. Qu'est-ce que ça veut dire? Pourquoi pas sa pointure. Je chausse du dix et vous? Et plus grave encore, la plupart des gens trouvent ça normal et s'identifient eux-mêmes comme tel. Blanc, noir, rouge, jaune. Curieux, non? Pour ma grand-mère, il y a une telle variété de couleurs chez chaque individu qu'il serait impossible de percevoir la dominante. D'odeurs aussi. Donc, la négritude, très peu pour moi. Pourtant, un matin à Montréal, j'ai connu l'état d'âme nègre. Je ne sais pas si cela a été pareil pour vous... Arrivé à Montréal, j'ai vécu un certain temps sans prêter attention à la vie. Je mangeais, dormais, faisais l'amour, le ménage et le marché. Tout cela comme un automate. Un jour, je me levai après une tempête de neige qui avait soufflé toute la nuit. Dehors, des toits de maison étaient blancs de neige fraîche. Des gens marchaient, les bras serrés contre leur corps emmitouflé dans de chauds manteaux. D'un coup, j'ai tout compris. J'ai eu le sentiment profond de mon être haïtien, de ma nature nègre, de ma différence fondamentale. Ce que quinze ans de matraquage publicitaire (l'hymne national, le drapeau, Durand, Coicou, Roumer, Camille, les longs discours interminables et creux des hommes en chapeau mou) n'ont pas pu, une tempête de neige l'a fait. J'étais accoudé à la fenêtre à regarder tomber la neige et à me demander ce que je faisais là. Pas de manière dilettante. Non, profondément. Si profondément que j'en ai eu le vertige. C'est si terrible à supporter qu'il vous faut soit répondre à la question, soit ne jamais plus vous la poser. C'est une question à haut risque. Et quand comme moi, on n'y voit aucune issue, l'affaire frôle la tragédie. D'un autre côté, je suis désespéré à l'idée de ne pas pouvoir rentrer en Haïti (pour y vivre), cela quelle qu'elle soit la situation. Dictature ou pas. Quand un homme ou une femme est obligé de passer le reste de ses jours dans un pays qui n'est pas celui de sa naissance, il n'est plus le même. Quelque chose au fond de lui s'est brisé. Si on le regarde droit dans les yeux, on verra défiler les images touchantes d'une poignante nostalgie. Il accepte de vivre à la surface des choses. Le fond est resté quelque part dans un grenier d'une petite ville qu'il ne reverra peut-être jamais.

Alors pourquoi je vous raconte ainsi mes tripes? C'est parce que j'ai été avec la délégation francophone du Québec (André Arcelin, Martial Pierre, Charles Gardère, Pharès Pierre et Kéder Hyppolite) à une réunion des Noirs du Canada, à Ottawa. Si cela vous semble curieux, il faut savoir que les Noirs sont au Canada depuis trois cents ans et j'ai fait la connaissance d'un jeune homme de Halifax dont la famille habite cette ville depuis 1784. Donc, les Noirs au Canada, ce n'est pas folklorique. Ils se sont réunis, il y a deux semaines, pour un week-end qui a coûté la bagatelle de 175 000 dollars dans un petit hôtel aux environs d'Ottawa, à Gatineau. Ils ont ouvert le Congrès par une réception à la Chambre des communes du Canada. Le signal est donné: Harambee entend faire en grand tout ce qu'il entreprendra. Harambee, c'est le nom de cette organisation nationale des Noirs et ils étaient là pour discuter, bâtir et ratifier leur constitution. Pendant deux jours de débats épuisants, importants, quelquefois terribles où tous les membres n'avaient qu'un but: arriver à se mettre d'accord sur un certain nombre de principes généraux, mais où leurs origines (canadienne, caribéenne, africaine) leurs langues (français, anglais), leurs conditions (citoyens-fondateurs, citoyens, immigrants de fraîche date) les empêchent de voir les détails de la même manière. Le débat a souvent été au bord de la crise. Certains ont failli claquer la porte, d'autres ont exigé inlassablement des rectifications. Mais tous étaient présents le lendemain pour voir naître l'enfant. Cette constitution adoptée par tous. L'enfant est d'aspect un peu fragile (poids: six livres; longueur: sept pouces), pourtant quand il a poussé son premier cri le dimanche 20 octobre, à midi, à l'hôpital du Mont Ste-Marie, ses parents (les délégués) avaient l'air épuisé mais heureux.

L'amour est une question de temps et d'espace

J'ai rencontré dans un salon à Queens, un homme fraîchement revenu d'Haïti. Je lui ai demandé à brûle-pourpoint ce qui l'avait le plus frappé en Haïti.

— Eh bien, me dit-il sans hésiter, la chose qui m'a le plus frappé à Port-au-Prince du moins, parce que j'ai séjourné uniquement à Port-au-Prince, c'est le fait que presque personne ne fait plus l'amour.

— Comment ça! Ah bon... Je comprends, tu veux dire que la survie est si difficile que faire l'amour devient un luxe qu'on ne peut pas se payer.

— Qu'est-ce que tu racontes là! La faim n'a jamais empêché ça, au contraire...

— Alors c'est quoi?

— C'est mathématique. Il n'y a pas de place pour faire l'amour. Ils sont trop nombreux. C'est encore possible que 100 000 personnes trouvent 50 000 lits pour faire la chose la plus naturelle qui soit. C'est bien possible. Pas un million.

— Je ne comprends pas trop bien ton argument.

— Écoute: Port-au-Prince est débordée. Trop de gens. La plupart ne ne trouvent même pas un toit pour dormir, alors tu penses que faire l'amour existe pour eux?

— Faut choisir: tu dis d'une part qu'ils sont trop nombreux et d'autre part qu'ils ne font pas l'amour. Peux-tu alors me dire comment ils font pour faire des enfants?

— Ne me fais pas ça, Dany, tu sais très bien de quoi je parle. Je parle de faire l'amour, pas de procréation. Cette situation m'avait touché à un tel point que j'ai mené ma petite enquête.

— Si tu veux savoir: 50% de la population de Port-au-Prince occupent 10% du territoire. Là, ce sont les quartiers miséreux, les bidonvilles et les résidents oublient depuis longtemps cette question. Dans la classe moyenne, c'est *fifty fifty*, c'est-à-dire 40% de la population pour 40% du territoire. Dans la bourgeoisie, c'est 10% de la population qui occupent 50% du territoire. À première vue, on se dit: les prolétaires ne font pas l'amour par manque d'espace et les bourgeois ont la possibilité de faire des orgies justement à cause de l'espace dont ils disposent. J'ai enquêté plutôt sur le cas de la classe moyenne, qui occupe un espace égal à sa population.

— Et qu'as-tu trouvé?

— D'abord qu'est-ce que ça veut dire «un espace égal à sa population»? Eh bien, ça veut dire que c'est bondé, que l'hôtel affiche complet. Or l'acte d'amour réclame la solitude, l'intimité, les caresses, les mots doux-amers, le jeu et surtout le droit de crier son plaisir. Durant mon séjour à Port-au-Prince, je n'ai pas l'occasion d'entendre quelqu'un crier son plaisir. Cela, pour la simple et bonne raison qu'il est impossible de le faire avec quatre autres personnes dans la même chambre.

— Et les motels?

— Les femmes mariées refusent d'y entrer. On se risque à Boutilliers, St-Gérard, ou sur la route Sud ou encore au Bicentenaire, mais ça fait combien, hein? Pas plus de 3 000 personnes et nous parlons en terme de million.

— Il y a toujours le dimanche.

— Qu'est-ce que c'est? Encore un racket?

— Le dimanche, on expédie tout le monde à la place du Champ de Mars ou au cinéma afin de pouvoir faire l'amour pour une fois sans témoins, mais ça coûte cher. Qui peut encore envoyer une dizaine d'enfants et d'adultes au cinéma toutes les semaines? Même pas les riches. Alors on le fait par trimestre, ce qui fait quatre bons coups l'an.

— Donc l'amour c'est une question de temps et d'espace et là encore c'est une influence de l'Amérique sur toi, je suppose?

— Bien sûr, avant, je ne remarquais pas ça. Ici, ma fille a une chambre depuis l'âge de cinq ans. J'ai quitté Haïti, j'avais vingt-trois ans et je n'avais pas de chambre à moi. Je ne pouvais recevoir personne. J'en souffrais. Imaginez: il n'y a aucune chance d'embrasser quelqu'un chez soi sans témoins. La maison est toujours surpeuplée et c'est pareil chez mes amis. On arrive à embrasser une fille uniquement au cinéma, au bal ou dans une ruelle sombre.

— On n'a pas ce sentiment quand on écoute les hommes haïtiens parler. On dirait même le contraire.

— Je sais. Ils disent qu'ils les tuent toutes, mais c'est faux. Des mots. Rien que des mots. D'ailleurs, s'ils en parlent tout le temps, c'est parce que rien ne se passe.

— Rien?

— Rien. Quand ça arrive, c'est un exploit si exceptionnel qu'il faut en parler aux amis, au travail, dans les chansons, partout.

— Ça fait donc une population assez bizarre?

— Tu t'imagines: plus d'un million de gens se lèvent tous les matins sans avoir fait l'amour, ça fait des femmes frustrées et des hommes mégalomanes.

— C'est cette image que tu as de Port-au-Prince?

— L'image que j'ai de Port-au-Prince de jour et de nuit est assez contrastée. Port-au-Prince me fait l'effet d'une valise où tu aurais pu mettre uniquement tes affaires, alors qu'il te faut prendre avec toi les affaires de dix autres personnes. Quand tu parviens, au prix de mille efforts, à fermer cette valise, tu entends nécessairement des bruits d'objets se cassant. Pourtant l'amour est un de ces objets sur lequel tu avais écrit FRAGILE.

Danser sa vie

Cayes, jeunes filles, 1951

Je ne sais ni danser ni chanter. Vous imaginez mon adolescence dans un pays dont la devise rieuse dit simplement: Haïti chante et danse.

Jean Price-Mars lui-même écrivait que c'est un pays où l'on chante, où l'on danse, où l'on pleure et où l'on rit. Jean Price-Mars savait-il danser?

Il y a cinq ans, je crevais de faim à Montréal. Comme je n'arrivais à trouver aucun emploi, le conseiller de la main-d'œuvre m'a dit: «De toute façon, vous pouvez toujours vous faire professeur de rythme».

Ah, j'oubliais, je ne sais pas jouer du tambour non plus. C'est presque main dans la main, la danse et la musique. Vous imaginez mon calvaire dans un pays où l'on n'entend que ça, le tambour, où tous les poètes s'accordent pour dire que le tambour fait partie de nos tripes. Ou bien je n'ai pas de tripes, ou bien je ne suis pas haïtien. À propos, Roumain savait-il jouer du tambour?

J'ai grandi dans un univers où la danse ne s'apprend pas. C'est un don. On danse ou on ne danse pas. Et cela, depuis l'époque coloniale. Relisez le très beau livre de Jean Fouchard *La méringue, danse nationale d'Haïti* (Montréal, Leméac, 1973). Il y a un passage révélateur. Fouchard rapporte que si vous ne saviez pas danser, vous pouviez bien être riche et puissant, on ne vous permettrait pas d'entrer dans la danse.

Alors vivre en Haïti sans savoir danser équivaut à être un poisson qui serait allergique à l'eau de mer.

Dans la ville où j'ai passé mon adolescence, j'imagine que ce n'est pas différent, le bal reste l'endroit magique où l'on peut simuler l'acte sexuel sous le regard amusé d'une société corsetée, qui refuse à tout autre moment d'entendre même parler de sexualité.

Le moment de rut : 15 août

Nous avons un bal, un vrai bal, une fois l'an, le 15 août, eh bien, l'année nous paraît divisée en deux : avant et après le 15 août.

Ce qui différencie, dit-on, l'homme de la plupart des animaux, c'est peut-être le fait que la sexualité humaine n'a pas de saison. Dans ma ville pourtant, il y a cet unique moment de rut, le 15 août, qui se vit comme un rituel mystique. Le ca-lendrier judéo-chrétien de la baise.

Bien sûr, tout au long de l'année, on danse dans les baptêmes, mariages, communions etc., mais ceux qui connaissent ces réjouissances, dominées par la boustifaille, savent bien que ce sont là de pénibles échauffourées en vue du grand combat.

Fin juillet, il y a comme une frénésie chez les garçons. La fièvre du désir grimpe le corps svelte des adolescentes. La pleine lune. La ruée vers l'orgasme. On met au point les dernières stratégies.

Il y a des symboles et des signes. Je m'explique. Le fait de posséder une bicyclette et de la nettoyer toute une semaine sans faillir jusqu'à la rendre luisante comme une églantine sous la pluie est un symbole évident de sa propre sexualité. Passer et repasser plusieurs fois dans une seule journée dans la même rue est un signe que l'on est en chasse. Imaginez maintenant cette ville envahie de bicyclettes en rut et de filles frémissantes. Pendant un mois, le mois de juillet, la ville vivra ce raz-de-marée. Pour des types comme moi, qui ne savent pas danser, c'est le début d'une longue agonie.

Je me réfugie alors dans la lecture. C'est pour moi le moment de plonger dans l'univers évanescent des Guermantes que le maladif Proust, couché sur son lit, nous a tissé. Je me dis que ces jeunes gens peuvent bien se déhancher, ils n'auront aucune idée de l'érotisme tant qu'ils ignorent la phrase asthmatique de Proust. Mais, comme vous le savez, Proust ne nous a pas appris à nous défendre des ruses diaboliques de la sensualité. J'aurais donné spontanément toute l'œuvre de Proust pour tenir la hanche de Juliette.

C'est qu'entre-temps la belle Odette de Crécy, cette demi-mondaine de *La recherche du temps perdu*, a pris pour moi le visage d'une adolescente de ma rue, la foudroyante Juliette.

Cela peut vous paraître gentil à lire, mais surtout ne perdez pas de vue ce qui a été pour moi la blessure première. Mon éducation sentimentale fut un véritable désastre.

L'adolescente de vos rêves dans vos bras

Voici la situation: vous avez une occasion où vous pouvez, sous prétexte de danser, tenir dans vos bras l'adolescente de vos rêves orageux. Si vous ne savez pas danser, vous faites chou blanc.

Alors pourquoi vous n'avez pas eu assez de cran? Bien sûr, je dansais quelquefois, mais avec mes cousines et danser avec ses cousines ou pire, ses sœurs, est un signe évident que vous êtes le plus désespéré des hommes. D'ailleurs, vos cousines et vos sœurs ont leurs partenaires qui les attendent et c'est comme ça qu'on se fait des ennemis pour la vie.

Alors, je me jette dans la mêlée, sur une parfaite inconnue. Je lui demande une danse. Elle sourit. C'est d'accord. On y va. Au premier mouvement, chacun part dans une direction opposée. Petits rires. Elle pense qu'elle s'est trompée. Elle se remet à vous. C'est l'homme qui conduit la femme. Conduire pour aller où? Si un homme ne peut pas diriger une femme, il n'est pas un homme. Je ne suis pas un homme. Entre-temps, on improvise une plaisanterie pour qu'elle arrête de regarder vos pieds. Mais, elle veut suivre votre rythme. Elle regarde dans quelle direction vont vos pieds. Pour être honnête, employons un temps plus personnel. Je bafouille. Mes oreilles bourdonnent. Je n'entends plus la musique. Je commence à suer. Mes mains sont moites. Je fais une plaisanterie. Elle ne sourit plus. Elle commence à comprendre qu'elle n'est pas responsable du désastre. Elle commence à comprendre que je ne sais pas danser. Je comprends ce qu'elle a compris. C'est la fin du monde.

Alors vos yeux tombent sur un type qui représente pour vous l'idiot parfait. Il danse comme un dieu. Désemparé, vous laissez tout tomber. Le monde est mal fait. Si vous étiez une fille, vous auriez demandé qu'on vous reconduise à votre table. Enfin, c'est terminé. Vous la reconduisez à sa table. Elle s'élance à l'oreille de sa bonne amie et vous captez des sourires entendus. C'est la honte. Vous vous cachez quelque part jusqu'à la fin du bal, jusqu'à la fin de l'année, jusqu'au 15 août prochain.

Une fois, une seule fois, un ami est venu me dire: «Qu'as-tu fait à Anna?». «Moi, rien», répondis-je. Je savais que j'avais dansé avec elle et qu'elle pouvait prendre ça, avec raison, pour un tort. Alors l'ami: «Elle est folle de toi...» «De moi?» Et celui-ci de poursuivre «Elle dit que tu es le seul qui n'a pas essayé de la tripoter pendant que vous dansiez ensemble». «Ah bon, fais-je...»

Cette conversation m'a longtemps troublé. Comme quoi, ce n'est pas toujours le savoir-faire qui prime. Est-ce applicable en littérature? Ça me rappelle ces écrivains qui, au lieu de chercher à nous impressionner, préfèrent plutôt nous rassurer. On aime les avoir silencieusement à nos côtés dans les moments difficiles.

Créole : Les illusions perdues

La situation se présente comme suit. Si vous êtes pour la langue française, vous êtes aussi pour la colonisation, le statu quo, l'élitisme. Si vous êtes pour la langue créole, vous êtes alors pour le peuple, la révolution, les Noirs.

Si vous n'êtes ni pour ni contre, eh bien, vous êtes encore d'une certaine manière pour le français.

Quel est l'enjeu? L'enjeu paraît être la mainmise sur sept millions d'individus. Mais clarifions encore.

L'alphabétisation en créole n'est pas mon propos, ici. Tous les Haïtiens parlent créole, faut-il en faire la langue officielle d'Haïti? C'est un problème qui devrait être réglé longtemps. Mais ceux qui parlent français aujourd'hui vont parler une langue de plus que les autres. Rien ne pourra empêcher à des gens de se croire supérieurs aux autres parce qu'ils ont quelque chose que les autres n'ont pas.

Si tout le monde parlait français en Haïti, certains chercheraient à parler allemand. Les élites existent pour se différencier de la foule. Les élites, je parle de l'ancienne élite francophone et de la nouvelle élite créolophone.

Encore à présent, ceux qui écrivent en créole connaissent assez le français. Peut-être que la véritable littérature créole commencera quand on aura des écrivains unilingues, créolophones. Peut-être qu'il faudra attendre un peu pour cela. Pour le moment, il faut alphabétiser en créole et d'abord officialiser cette langue.

Mais ce ne sera pas fini pour autant.

Certains disent que la population haïtienne vivra alors comme dans un ghetto et qu'il ne pourra communiquer avec l'extérieur. Depuis quand un peuple communique-t-il tant avec l'étranger? Ce sera toujours, comme tous les autres pays, un petit groupe qui pourra voyager, prendre des décisions, négocier, etc. Ce petit groupe devra parler, en plus du créole, l'anglais, le français et, peut-être, l'allemand.

Bien sûr, des militants du créole affirment modérément que le français ne sera pas banni, mais plutôt qu'on l'apprendra comme langue étrangère. Si on n'a pas été foutu de le parler après deux siècles d'apprentissage comme langue officielle, ce n'est pas comme ça à côté qu'on va y arriver. Il nous faut par ailleurs accepter qu'au cœur même de la question de la langue, il y a celle du pouvoir. Le pouvoir se joue dans les centres de pouvoir.

Il y a près de cinquante-cinq millions de Français en France et trente millions n'ont jamais vu Paris, le centre du pouvoir français. Cela veut dire que même si on alphabétise en créole ou en français, sur sept millions d'Haïtiens, au moins quatre millions ne sauront peut-être jamais la véritable signification du mot État.

Cela veut dire, en mode désespéré: même si on parle, on écrit, on officialise le créole, eh bien, les élites ne doivent pas avoir peur, car ce sont elles qui continueront à diriger.

J'entends parfois dire que quand tout le monde sera alphabétisé, cela va être difficile de mentir au peuple. Je crois simplement qu'on pourra mentir sur une plus grande échelle.

Écrire en créole ne va pas nous rendre plus intelligents, comme parler créole ne nous a pas changés. Nous resterons nous-mêmes. Les gens lucides diront les choses justes et précises. Les démagogues continueront à leurrer les autres. Ceux qui croient qu'il faut écrire de manière à compliquer les choses simples ne changeront pas. Déjà, je lis dans les essais créoles le même charabia que je lisais en français, et cela venant des mêmes gens.

Changer de langue, ce n'est pas changer d'être, c'est peut-être changer de cible. À mesure qu'on pourfend les mythes, il en naît d'autres.

On avance également : si le peuple était au moins jugé dans sa langue, il aurait pu mieux se défendre, exposer plus clairement son point de vue. Bien sûr, cela paraît évident. Mais dans ce cas, il faudra l'innocence de croire que la justice est juste, que ce n'est pas une affaire de pouvoir, d'argent, de classe sociale.

En créole ou en français, les petits n'ont pas la parole. Il leur restera, je crois, le plaisir d'être condamnés dans leur langue.

Encore l'idée que si tout le monde s'exprime en créole, personne ne pourra snober personne est peu crédible. Croyez-vous que *L'être et le néant* de Sartre, ouvrage écrit en français, est compris uniquement du fait qu'on comprend cette langue? Par qui croyez-vous que l'écrivain Franck Etienne sera lu?

Bien sûr, ce que mon point de vue est élémentaire. Mais si l'on compte faire du créole un instrument de progrès, il faut d'abord le considérer comme une langue, c'est-à-dire avec les limites d'une langue. Il y a encore cette superstition chez les lettrés créoles. J'entends dire avec stupeur qu'il est plus facile d'écrire en créole qu'en français ou en anglais. Du moins pour des écrivains haïtiens.

Je vais dire mon point de vue sur cette question au risque de me faire lyncher. En ce moment, la poésie haïtienne vient de faire deux pas en arrière avec la poésie créole. Pourquoi?

Parce que, précisément, ces poètes croient qu'il est plus facile d'écrire dans une telle langue. Alors qu'écrire, c'est s'auto-flageller. Et cela dans n'importe quelle langue.

Les poètes créolophones ne font, pour le moment, que nous repasser indéfiniment les mêmes slogans, les mêmes proverbes, les mêmes métaphores éculées. Sans questionner la langue.

Il n'y a pas de poésie sans mise à mort. Il faut du sang. Le sang des autres ou le sien propre. Les poètes créolophones se contentent de chanter l'ordre des choses. Ils croient suffisant le seul fait d'écrire en créole.

Je regrette que les vieux poètes ne leur disent pas assez que c'est aussi dur en créole. Peut-être que ces vieux poètes espèrent qu'avec la quantité, on aura un ou deux poètes dans quelques années.

Pour le moment, ce qui prédomine dans ce duel à mort (français/créole), c'est l'intimidation. De part et d'autre. Le créole va bien, porte les meilleurs coups, en un mot devance dans cette course.

Mais les militants du créole devraient faire attention à ne pas crier victoire trop tôt, car il sera difficile de faire oublier, en quelques années, ce que la France colonisatrice a pris deux siècles (de violences, de terreurs, et de sauvageries) pour imposer à Haïti.

Je ne suis pas en train de conseiller aux militants la violence, mais il faut un peu plus que de l'intimidation.

Le fauteuil présidentiel

Nous sommes sept millions pour un fauteuil. Mon vieux rêve, difficilement réalisable, est que chaque Haïtien, sans distinction de race, de couleur, de sexe ou de religion, occupe un jour ce fauteuil.

Sept millions de présidents.

Faisons le compte.

Il y a trois cent soixante-cinq jours dans une année, donc si l'on prend le risque d'élire un Haïtien par jour, nous pourrions régler ce problème en un temps record de 19 178 ans.

Que valent vraiment 19 178 années à côté du plus grand rêve de chaque Haïtien — devenir Président?

Et ce n'est pas tout.

Les Haïtiens ne se contentent plus d'être Présidents, il faut qu'ils le soient à vie. Donc.

Sept millions de Présidents-à-vie.

Dans cette affaire, l'éternité nous guette.

Mais, soyons lucides. Il y va de notre santé mentale.

Tout d'abord c'est un fait. Personne ne veut plus être Président-tout-court. Nous voulons être Président-à-vie.

Être Président-à-vie, d'accord. Mais en avons-nous les moyens? Tout d'abord qu'elle est notre moyenne de vie? Les statistiques les plus optimistes signalent quarante-cinq ans.

Donc Président-à-vie pour combien de temps?

Nous ne pouvons courir le risque de quatre Président-à-vie en deux ans.

Vous vous souvenez de ces quatre clowns de comédie musicale: Michel Oreste, Oreste Zamor, Davilmar Théodore, Vilbrun Guillaume Sam.

Alors Président-à-vie ou Président-à-la-va-vite?

Aurons-nous un jour des Présidents-à-vie de dix-neuf jours comme Daniel Fignolé?

Nous ne pouvons que rêver d'une pareille chance.

Dans le cas qu'il y aurait quelque difficulté à élire sept millions de Président-à-vie avant la disparition définitive de notre République, il faudrait de toute urgence penser à des solutions de rechange, car 6 999 999 citoyens-mégalomanes pour un seul Président-fou-à-lier, ce n'est plus tenable.

La première solution serait d'éliminer la fonction même de Président. Ce n'est pas une bonne solution. Car, pour nous autres Haïtiens, il n'y a pas de pays sans Président.

La deuxième solution qu'on nous propose ces jours-ci serait de nommer un Premier ministre tout en gardant la présidence à vie. Ils ont eu vingt-huit ans pour réfléchir à une solution et c'est ça leur proposition pour nous sortir de cette impasse. Tant qu'il existera le titre de Président-à-vie, qui voudra être simplement Premier ministre?

Premier-ministre-à-vie, ça sonne faux.

La troisième serait de nommer les Présidents par ordre alphabétique. Duvalier se place seulement en D.

Après vient E pour Grégoire Eugène.

Ensuite F pour Daniel Fignolé.

N'oubliez pas que nous devons à celui-ci le reste de son mandat, soit six ans moins 19 jours plus dommages et intérêts.

Il y a une quatrième solution. Si tout le monde accède d'un coup à la présidence. Sept millions de Présidents pour un seul fauteuil.

Cela reviendrait à 6 999 999 Présidents-debout pour un seul Président-assis.

Qui veut s'asseoir?

Tous se précipitent.

Encore une mauvaise solution.

Puisque ce problème paraît définitivement sans solution, il nous faut chercher ailleurs.

Tout d'abord, nous devons analyser ce qui a pu nous inoculer ce poison.

Le virus présidentiel.

D'éminents savants du monde entier sont en train d'étudier, à partir d'urine de cobayes haïtiens, ce curieux virus.

Le rapport des savants est encore hérissé d'interrogations difficilement explicables.

Qu'est-ce qui fait que tout citoyen haïtien du seul fait qu'il mange trois fois par jour, travaille dans un bureau, contrôle un chiffre d'affaires d'un minimum de 10 000 dollars, nourrit inévitablement ce virus en son sein?

Qu'est ce qui fait que cet homme en apparence sain d'esprit, à la conversation ordinaire, père de famille, propriétaire de sa maison et heureux en ménage, est aussi le chef secret d'un parti politique de deux ou trois membres?

Et pire: qu'est ce qui fait que cet homme, par ailleurs lucide, finit par investir et perdre dans cette affaire son argent, sa femme, son temps, son énergie et son esprit?

Le groupe de savants, après une approfondie, a cru bon d'indiquer une solution.

Cette solution exige tant de négociations, d'audace, d'énergie qu'elle paraît impossible.

Mais impossible n'est pas haïtien en matière de présidence. Il semble que les peuples ont des spécialités. La discipline est allemande; la banque, suisse; l'électronique, japonaise, le capitalisme, américain; le communiste, russe.

Les Haïtiens sont des Présidents.

Le rapport des savants souhaite ardemment que les autres pays de la planète acceptent de se rendre à l'évidence.

La solution serait de nommer un Haïtien à la tête de chaque pays. Naturellement, pour une période de six ans. À tour de rôle. Mondialement, les Haïtiens s'occuperaient de la présidence.

Mais le rapport ajoute avec pessimisme que les Haïtiens voudraient tous être Présidents d'Haïti.

La nouvelle génération 85

Tous les quinze ans, c'est la même histoire. On voit apparaître de nouvelles têtes sur la scène.

Tous les quinze ans, on recommence.

La situation est simple. Haïti est le théâtre où se joue tous les quinze ans une nouvelle comédie ou tragédie. Des jeunes gens sortis frais émoulus des universités, gonflés de privations et d'impuissance, s'engagent à changer ce pays.

Ce pays, 27 750 kilomètres carrés de terres semi-désertiques pour 7 000 000 d'habitants parmi les plus pauvres de cette planète.

Tous les quinze ans, immanquablement, la solution est trouvée.

La Génération de 1930

Prenons les trois dernières générations: celles de 1930, de 1946 et de 1960.

La génération de 1930 est bien celle qui a vu l'Occupation américaine. Elle est dominée par la figure aussi vaste qu'encombrante de Jean Price-Mars (1876-1969).

Quel était le dada de cette génération?

Tout simplement qu'il fallait retourner à la source africaine pour faire face aux impérialismes français et américain.

Jean Price-Mars, on s'en souvient, a rassemblé tout ça dans un épais bouquin: *Ainsi parla l'Oncle* (Compiègne, France, 1928). Pas l'Oncle Sam. Plutôt le vieux Bouqui, personnage traditionnel de contes folkloriques haïtiens. Ce livre a eu un drôle de destin. Il a servi de bible à la génération de l'Occupation et à celle qui a suivi. Deux générations plus tard, il est devenu le livre le plus honni de ce siècle haïtien. René Depestre, lui même, lui a porté le coup de grâce avec son dernier essai: *Bonjour et adieu à la négritude* (Paris, Laffont, 1980). Price-Mars enterré. Fin de la génération de 1930.

La Génération de 1946

Voici la génération de 1946. Elle est fringante. Price-Mars la domine de loin en loin (de moins en moins?). Une autre grande figure l'épaule: Jacques Roumain. Roumain est mort en 1944, mais historiquement il est vivant en 1946. son roman posthume, *Gouverneurs de la rosée* (Port-au-Prince, Imprimerie de l'État, 1944; Paris, La Bibliothèque Française, 1946; Montréal: Mémoire d'encrier, 2004) est le premier grand livre depuis *Ainsi parla l'Oncle*. La solution qu'il apporte, c'est l'union des exploités. Il ne se contente pas d'écrire. Il fonde le premier parti communiste haïtien. Il prône l'International Socialisme. Au fond, Roumain est à cheval sur deux générations à cause du succès durable de son roman.

À l'arrivée des marines, en 1915, Roumain avait sept ans et il est mort en 1944, à la veille de la révolution de 1946.

1946, dans la douteuse rhétorique haïtienne, s'appelle la Révolution de 46. Le jeune lecteur de 1985 doit savoir que les mots révolution et constitution sont les deux mots les plus utilisés chez nous. L'affaire, c'est que nous nourrissons un sûr mépris pour le dictionnaire.

Bang: 1946 Jacques Stephen Alexis (1922-1961) et René Depestre symbolisent cette génération. René Depestre est le premier poète de sa génération et Jacques Stephen Alexis en est le plus grand romancier. Naturellement, ce sont des frères-ennemis. Ils sont jeunes, vifs, subversifs et ils n'hésitent pas à traiter le Père Mars de vieux bougon. Leur divergence fondamentale avec Price-Mars: eux, ils veulent de l'action. À seize ans, Depestre écrit pour annuler un rendez-vous galant «Je n'irai pas ce soir... des camarades de bronze m'ont convié à l'assaut de cette citadelle». À dix-huit ans, il se retrouve au milieu de la tempête des Cinq glorieuses (Mouvement révolutionnaire allant du 7 au 11 janvier 1946 qui a entraîné la chute du Président Lescot). Alexis est aussi affamé d'action. Il se démène comme un diable. Il écrit des romans, fonde un parti, voyage, pratique la médecine, participe à des congrès, polémique avec Depestre et entreprend une action d'éclat qui se termine en désastre.

La génération de 1946 est celle de l'action spectaculaire. Le mot est trouvé: celle du spectacle.

Alexis échoue sur une plage du Nord-Ouest d'Haïti. Depestre file à Cuba. Cuba, c'est l'action. Depuis quatre ans, Depestre est revenu de Cuba, du communiste tropical, de la négritude et des combats perdus d'avance. La génération de 1946 est bel et bien enterrée.

La Génération de 1960

La Génération de 1960, c'est celle du pouvoir au bout du fusil. C'est aussi celle de l'exil massif. Cette génération a vécu son âge mûr en dehors d'Haïti. C'est, en somme, la génération de l'impuissance. Elle est formée, en majorité, de professeurs, de prêtres et de poètes inégalement sortis de la petite bourgeoisie et de la bourgeoisie.

La Génération de 1970

La génération de 1970, c'est l'avant-dernière. Elle est née aux alentours de 1950. Elle a aujourd'hui entre trente et trente-cinq ans. Elle veut sa place. Elle a son mot à dire. La Génération de 1970 est composée de jeunes universitaires. De journalistes, d'ouvriers. Elle vit dans la diaspora. Elle entend aborder de manières différentes les problèmes de couleur, de pouvoir et de démocratie.

Quelles sont ses chances? Ses chances de s'exprimer sont minces. Pourquoi? Voici: la génération de 1960 refuse de mourir. Elle refuse, et avec raison, d'accepter son impuissance. C'est la seule génération qui n'a pratiquement pas laissé de traces. Prenons celle de 1930, Price-Mars a laissé des traces. Celle de 1946 aussi. Mais la génération de 1960, sur le plan des idées, n'en a pas eu le temps. Le pouvoir l'a exilée trop vite. Trop tôt. Alors quand c'est le moment de partir, elle refuse. Elle dit non. La génération de 1960 a mauvais caractère à cause de sa précoce ménopause.

Un autre point, c'est que généralement en Haïti, les générations meurent à bout de force. Mal nourrie, obligée, de fournir un effort capital avec une espérance de vie très mince (quarante-cinq ans). Comme la génération de 1960 était toujours en exil, elle est particulièrement bien nourrie et n'a plus aucune crainte de finir ses jours dans un cachot; elle est donc bien conservée.

C'est la raison pour laquelle, la génération de 1970 piaffe aux portes de la vie.

La Génération de 1985

La génération de 1985 est chrétienne. Elle n'habite plus principalement Port-au-Prince. Elle vit à Petit-Goâve, St-Marc, Cap-Haïtien, Cayes, Dondon, St-Louis, Port-de-Paix, Hinche, Jacmel, Anse-à-Foleur, Jérémie, Pestel, Marigot, St-Raphaël, Fort-Liberté, etc. C'est la première génération à couvrir l'ensemble du pays. Les précédentes étant obnubilées par Port-au-Prince. On ne peut comprendre la génération de 1985. Port-au-Prince n'est plus le centre du monde et la petite bourgeoisie, le nerf politique du pays. C'est nouveau. Tout peut donc arriver.

Je n'irai pas à la Tortue : Trop lâche pour ça, camarade !

Quelqu'un m'a apostrophé dernièrement dans un salon, un de ces guérilleros d'appartement, me traitant de lâche et ajoutant que je n'étais pas du genre à tenter l'aventure de la Tortue (île située au Nord de Port-de-Paix dans le département du Nord-Ouest où débarquent les opposants anti-duvaliéristes).

Je n'irai pas par quatre chemins : je suis un lâche. Je parle en mon nom puisque la plupart des gens de ma connaissance sont des braves. Moi, je suis plutôt du genre de ceux qui écrivent des oraisons funèbres et non de ceux qui meurent.

Cela fait des années que je vis comme ça, bras dessus bras dessous avec cette lâcheté chronique. J'expliquerai ce comportement d'abord par des faits que j'éclaircirai ensuite.

Je suis journaliste. J'ai travaillé en Haïti. J'ai donc eu assez d'occasions pour tester ma lâcheté. Je vais d'abord raconter la plus sombre de ces occasions, puisque Gasner Raymond y était impliqué. Nous étions à une période où la dictature montrait ses dents plus férocement que d'habitude.

C'était en 1976. Je travaillais au *Petit Samedi Soir* et chaque jour apportait son quota de désastres. Un matin, j'accompagnais Gasner Raymond au Ciment d'Haïti pour un reportage sur la grève des ouvriers. Nous rencontrions, dans une sorte de cafétéria bourrée d'espions, de faux syndicalistes, des ouvriers en colère. Gasner et moi prenions hâtivement, et un peu en cachette, des notes quand quelqu'un nous remarqua. Il fallait tout de suite nous identifier. Spontanément, (il était comme ça) Gasner montra sa carte de journaliste du *Petit Samedi Soir*. Les visages se durcirent. Les yeux devinrent carnivores. J'ai senti qu'on pouvait être lynchés entre ces quatre murs. Alors, quand ce fut mon tour, j'ai déclaré, à la grande surprise de Gasner, que j'étais un reporter du journal officiel *Le Nouveau Monde*. Une semaine plus tard, Gasner mourut dans les conditions que vous connaissez.

Le frère du colonel

Je me souviens encore (je cite les faits en vrac), j'étais au Cap pour un reportage sur la situation des petits guides de touristes, des garçons entre neuf et quinze ans. J'étais sur le quai à bavarder avec un jeune garçon (quatorze ans), qui était déjà un vétéran du Port. Il me refilait de précieuses informations quand un milicien me pria rudement de m'identifier. Je lui répondis très vite que j'étais le frère du colonel. Il me regarda un moment qui me parut une éternité avant de s'éloigner. Quand il était assez loin, j'ai

Dany et Compère Philo

demandé au garçon qui c'était. Paraît que c'était la pire terreur de la ville. Je suis rentré tout de suite à mon hôtel borgne avec une diarrhée à mes talons.

C'est arrivé à Petit-Goâve

Il y a encore ce cas où je fus interpellé personnellement et que ma lâcheté dut répondre à ma place. C'était à Petit-Goâve et nous y étions tous (les reporters du *Petit Samedi Soir*). La veille, j'avais animé un débat sur les relations possibles (hélas!) entre le théâtre haïtien et le développement du pays. Paraît que c'est un sujet hautement subversif. Le lendemain, tout le monde se retrouva aux Casernes. L'officier nous parla longuement des méfaits du communisme. Nous l'écoutions, le cœur palpitant. Il montra une sympathie feinte pour moi. Il remarqua (avec quelle ruse!) que systématiquement j'avais évité, hier soir, toutes les provocations. À cela, je n'ai rien répondu. Eh bien, si j'étais brave, j'aurais pu lui dire mes pensées. Quand il nous a tous renvoyés, j'ai senti que l'officier avait tout simplement besoin d'une conversation à peu de frais sur le communisme.

Un long 38

J'arrête donc là ce florilège. Je ne pourrai pas plus prouver que je suis lâche. Il me faut faire le lien entre mon propos d'aujourd'hui et ces souvenirs malheureux. Je dois dire tout d'abord que je ne suis pas un lâche de tout repos. J'en suis littéralement obsédé. J'ai travaillé pendant huit ans au *Petit Samedi Soir*, dans d'affreuses conditions de sécurité et à chacune des nuits de ces années noires, j'ai attendu la voiture sombre qui devait m'emmener quelque part d'où l'on ne revient pas. Je savais qu'il y avait un zélote à m'attendre, embusqué au coin des rues Destin et Fatalité avec un long 38.

Je ne suis pas une cible

J'ai pensé à tout ça quand j'ai appris la mort de Richard Brisson. Je l'ai connu. Je ne le savais pas brave. La question fondamentale: serais-je capable de faire ce qu'il a fait? La réponse est NON. Et je vais vous dire pourquoi.

Comme tous les lâches, je suis aussi un intellectuel. J'ai tendance à poser des questions et à attendre des réponses. Pire, j'analyse les réponses. C'est-à-dire que sur le terrain, je n'aurais d'autres ressources que de m'abandonner à l'audace, aux ordres, au courage des braves. Mais avant, c'est-à-dire au moment où l'on conçoit, où l'on monte le projet, alors là, il faut répondre à mes questions qui seront précises. Je n'ai pas l'adrénaline des braves. On ne peut pas «pomper» facilement. J'exige alors toutes les sécurités possibles. Il faut passer au peigne fin le projet. Est-il faisable? Si oui, quelles sont les chances? J'exige alors le plus de chances que possible, car là où les braves voient la gloire ou un idéal (la libération du peuple), je vois tout bêtement ma mort. Et je n'entends pas mourir pour un projet flou. Disons que je n'entends pas mourir tout court. Je préfère la vie même à la qualité de la vie. Il faut que je sache si on est téléguidés et par qui. Je serais très fâché de mourir pour faire le jeu des Américains ou des Russes. Il faut que je sache combien nous sommes exactement pour ce coup. Pas un chiffre imaginaire. Pas de groupe qui devra nous rejoindre en temps et lieu. Non, l'effectif du moment. Ici et maintenant. Je ne bouge pas en dessous de mille hommes. Et même si nous sommes mille, il faut que je les voie à l'entraînement pour savoir s'ils savent au moins tirer, car on a beau dire; mille hommes qui ne savent pas tirer ne sont que mille cibles. Il faut que je sache si nous avons assez d'argent pour un bon bateau, de la nourriture, des médicaments pour tenir au moins huit mois. Il faut que je voie ça de mes yeux. Si au moment de partir, il y a le moindre contretemps (dans la quantité d'armes ou d'hommes), je débarque. Il faut placer quelqu'un pour s'occuper des allumettes, des sacs de couchage, des vitamines, des médicaments, etc. À tout moment, je serai prêt à descendre car, moi, je me fous de l'opinion des honnêtes gens quand il s'agit de ma seule et unique vie. Je ne mourrai pas en amateur, mais en professionnel.

On dit que le guérillero vaut au moins quatre soldats de l'armée régulière, Castro l'a prouvé. Cet argument n'intimide pas ma lâcheté. Faisons le compte. Si un guérillero vaut quatre soldats. Combien de soldats y a-t-il dans l'armée haïtienne (en plus des miliciens)? Disons tout de suite pour dissiper les malentendus que la vie ne se règle pas dans un ordinateur et qu'un guérillero peut valoir cinquante à cent soldats ou, dans mon cas, moins qu'un soldat. On connaît aussi les heureuses défections de l'armée devant la passion de la révolution. Mais tout cela est très trouble. On ne peut y croire qu'après. Et tous ceux qui ont compté sur l'armée ou le peuple sont morts. Pas parce que ceux-ci les ont trahis, mais parce que leurs analyses de la conjoncture, pourtant brillantes, ne reposaient sur aucune réalité. Bon, je ne veux pas tomber dans un exercice de neurones. Je voulais dire juste une chose: je n'irai pas à La Tortue, trop lâche pour ça, camarade!

Carnet de voyage / Il fait trop chaud à Miami

J'ai quitté un Montréal assez frisquet pour plonger dans la chaudière à haute combustion de Miami. Cette image vaut autant pour la température que pour la politique.

Nous sommes à peu près quatre pour ce voyage. Ma fille, ma femme enceinte et moi. Miami affichait tout le long de notre séjour une température record de quatre-vingt-dix-huit à cent degrés. Je ne conseille à personne de vivre une grossesse à une telle température. Les nuits sont effroyables. L'air est si sec qu'on y respire constamment une odeur de brûlé. Notre ventilateur fonctionne mal et fait un bruit de ferraille déglinguée. Nous ne pouvons le faire marcher que dix minutes par heure. Et à chaque fois qu'on arrête ce maudit ventilateur, la chaleur décuple.

J'avais très peur pour ma femme. Je me souviens que j'avais fait un pareil voyage à New York, il y a quelques étés avec Claude Moïse. New York bouillait à cent huit degrés. Moïse a failli y passer. De retour à Montréal, il a été d'urgence à l'hôpital et y est resté près de trois semaines. Claude Moïse n'était pas enceinte, lui.

Dès qu'on arrive à Miami, on n'a qu'une chose en tête: l'eau. L'eau de douche, de piscine ou de mer. Ou plus simplement un verre d'eau. Lyonel Guerdès est venu nous chercher à l'aéroport. Nous séjournons à Little Haïti. C'est un quartier sans arbres presque, donc encore plus sec que partout à Miami.

Il faut que je vous touche un mot de nos adresses. Nous en avons deux et cela cause quelques complications. Ma femme a une sœur à Miami, moi j'ai deux tantes et un oncle. Naturellement, ma famille pense que nous allons passer tout le séjour chez elle. La sœur de ma femme, curieusement, exige la même chose. Après de pénibles négociations, nous parvenons à un accord assez honnête. La moitié du séjour chez l'un, l'autre moitié chez l'autre. Malgré tout l'un cherche à grignoter sur le temps de l'autre. Tout cela prouve que ces gens attendaient notre visite. Nous étions choyés, reçus, aimés. Mais dans pareil cas, lecteurs, n'hésitez pas à descendre à l'hôtel. Qu'est ce que j'ai écrit là? Qu'est-ce qui m'a pris de parler de ça? Ces gens vont croire que mes tantes faisaient de leur mieux pour que je me sente mieux chez elles que dans l'autre famille, vice versa. Je crois que je viens de brûler mes ponts.

Je ne sais pas si vous connaissez Little Haïti. C'est une curieuse ville que les Haïtiens ont aménagée à l'intérieur du grand Miami. Des fois, on se croirait à Port-au-Prince. On sent une certaine désolation dans ces quartiers trop exposés au soleil alors que d'autres rues bourdonnent d'activités.

Les Haïtiens ont l'air de se sentir plus chez eux à Miami qu'à Montréal ou à New York. Il y a de vieux murs lézardés, des chiens maigres qui pissent dans des terrains vagues, de vieilles autos déglinguées dans des arrières-cours sales, des épiceries au coin des rues, des fainéants au comptoir des bars, des hommes en chapeau remuants sous un soleil de plomb et des femmes hargneuses dans les supermarchés. Je reviendrai en détail sur Miami avec quelques reportages sur la vie quotidienne à Little Haïti. Je parlerai aussi des gens que j'ai rencontrés. Mais un autre voyage m'attend et une anecdote amusante pour vous, pas pour moi.

Marcus Garcia est aux Bahamas avec le père Max Dominique. J'ai rencontré Max Dominique à Montréal, il y a deux ans, et il m'a donné le goût d'aller visiter les Haïtiens de Bahamas. Je fais une réservation à Eastern pour Nassau. Le vol de 3h09. Le vol de 3h09 est devenu celui de 4h00 et est ensuite reporté à 5h00. Le vol a lieu à 4h30. Même Eastern sait que c'est la Caraïbe et qu'elle n'a pas besoin de se forcer. Dans l'avion, quatre-vingt-dix dollars aller-retour, on nous sert un petit verre (en plastique) de jus de pomme gelé. J'arrive à Nassau vers 5h30. C'est un vol de quarante-cinq minutes. J'appelle Max Dominique. On me répond que personne de ce nom n'habite ici. Je panique. C'est normal. T'arrives dans une ville pour la première fois. Tu ne parles pas la langue, ou si peu. Tu téléphones à ton correspondant et ce n'est pas le bon numéro. Heureusement qu'une telle chose m'est arrivée aux Bahamas. Dans cette ville éclatante de soleil, de fleurs et de musique qu'est Nassau.

Je cherche quelqu'un pour m'aider. J'ai encore l'adresse de Max Dominique. Je la sors de ma poche. Je la montre à mon guide, un homme de quarante-cinq ans. Il regarde l'adresse, fronce les sourcils et me tend le morceau de papier, l'air malheureux. Il ne pouvait pas m'aider. Je commence à vraiment suer. Le doute s'insinue lentement en moi. J'ai pris l'adresse par téléphone et peut-être que je l'avais mal notée. On a été voir un autre guide au comptoir d'information. Et c'est là qu'on a résolu l'énigme. *Ce n'était pas la bonne île.* Je m'étais trompé d'île. Max Dominique m'attendait à Freeport et non à Nassau. Moi, je croyais que, comme en Haïti, il n'y avait qu'un seul aéroport international aux Bahamas. Il y en avait au moins trois. J'ai acheté un billet pour Freeport par Bahamasair, une ligne locale. J'ai adoré ce voyage. Ça m'a coûté quarante-cinq dollars pour un vol de quarante-cinq minutes, donc un dollar par minute. J'ai failli mourir de peur. Je vous raconterai tout cela la semaine prochaine. Contentez-vous de savoir que je suis arrivé à bon port.

Vol au-dessus d'un nid de coucou

Je suis à l'aéroport de Nassau (m'étant trompé d'île) et en route pour Freeport. Quelqu'un m'a indiqué le bureau de Bahamasair. Un modeste comptoir: assez propret avec cinq jeunes filles en ligne comme des cibles de manège grandeur nature. J'avise l'une d'elles. Maquillée, rouge à lèvres, faux cils, lèvres pincées, parfum obsédant et ton méprisant.

Bahamasair, c'est le vol local. Il y a des marchandes, des mères de famille, des ouvriers, des étudiants, des employés de bureau. Et ces mêmes personnes (les employés de la ligne) qui sont tout sourire, là-bas, dans le service international, affichent, ici, un mépris presque folklorique), quasi intolérable face aux Bahaméens. Je finis par acheter mon billet en baragouinant un mauvais anglais. La préposée colle précautionneusement sur mon billet le numéro de mon siège dans l'avion (9b, left aisle). J'attends au bar en avalant un hot dog (un dollar et vingt-cinq sous).

Dix minutes plus tard, la salle d'attente est grouillante de gens. Tous du pays. Aucun touriste. Des types au visage dur qui marchent en roulant les épaules. Des filles super chic à la démarche perverse et de grosses mamas en bigoudis, des adolescents portant d'énormes appareils diffusant à plein volume une lancinante musique reggae.

On annonce le vol. Tous se précipitent vers l'avion. Une vieille femme d'une soixantaine d'années est encore au comptoir à faire vérifier ses quatorze boîtes mal ficelées tandis qu'une jeune femme de vingt ans se fait transporter un minuscule sac de voyage par son athlétique compagnon. Il y a aussi beaucoup d'enfants et quelques bébés. L'avion est au loin, sur la piste. Un petit avion jaune comme un jouet d'enfant. Je monte, cherche ma place (9b, left aisle). Il n'y a aucun numéro. S'il n'y a aucun numéro, alors pourquoi elle a tout fait pour me coller ce truc sur mon billet? Pourquoi encore cette précision trompeuse? L'absurde caraïbéen. Je m'assois tout de même.

On va décoller. Je tire sur la ceinture de sécurité et ça ne bouge pas. Des bébés pleurent à cause de la chaleur. On se serait cru dans un bon vieux camion en partance pour le Sud d'Haïti. L'avion roule sur la piste. On décolle. Je remarque que l'hôtesse ne nous parle pas des dispositifs de sécurité; on est en famille. C'est à nos risques et périls. La femme avec le bébé change trois fois de siège afin de se trouver une bonne ceinture de sécurité. J'ai apporté avec moi un magazine américain *Life*. Je l'ouvre. Brusquement, j'ai une de ces envies. Je me dirige vers les toilettes en marchant comme si j'étais saoul. J'ouvre la porte de la cabine de toilette. L'avion plonge sans crier gare. Je bascule. L'avion remonte. Je me frappe la tête contre les parois. La pièce est minuscule. Je m'assois à grand peine. Et c'est alors que je remarque que la porte s'ouvrant sur le vide est fermée avec un petit crochet. J'aurais pu facilement dans un mouvement brusque faire sauter le crochet et plonger dans le vide.

Je commence à suer. Impossible de pisser. Ma vessie est dure comme une pierre. Lentement, je reprends mon souffle. Je me vois prisonnier dans ce coucou, au-dessus des Bahamas. J'ai toujours su que je mourrais dans un accident (la connerie en ferraille). Je reviens à la vie. Je regarde autour de moi. Il y a une poignée en ivoire juste devant moi. Je la tourne et l'avion plonge vers cette mer étalée au-dessous de nous. Mon cœur sort de ma bouche. J'étais sûr qu'en tournant la poignée j'avais fait une maladresse. Je pensais que j'avais séparé la cabine des toilettes du reste de l'avion. Et que je me retrouvais seul (dans l'espace) à l'intérieur de la cabine.

Doucement, l'avion remonte, remonte et je refais surface. Vous savez, on n'a aucune chance dans un accident d'avion. Sauf un miracle. Les miracles, c'est pas mon rayon. Je sors des toilettes, les pieds en coton. Sans avoir pu pisser. Je me traîne jusqu'à mon siège. M'assois. Reste un moment tout calme. Les muscles commencent à se contracter. Et l'envie me reprend avec une violence inouïe. Il fallait faire pipi, là, sur mon siège ou retourner dans la cabine. Je peux vous dire une chose: personne au monde n'aurait pu me faire retourner dans cette cabine de malheur.

Ce que j'ai fait? Je n'ose le dire, ici. De toute façon, j'étais bien détendu quand on annonça la fin du vol. De ces quarante-cinq minutes de malheur. Tout le monde descend. La gentille hôtesse se tient au pied de l'avion afin de saluer les passagers. Un type l'a littéralement bousculée pour passer. Ça lui apprendra à vouloir faire des finesses dans un vol local. On dirait un sauve-qui-peut. J'avais très peu de bagages. Je n'ai donc pas eu à passer par le tapis roulant. Je téléphone à Max Dominique (le prêtre). C'est Marcus qui me répond et il viendra me chercher. Marcus est arrivé, accompagné de Wilson, dans une vieille guimbarde.

Tout d'abord, aux Bahamas, la conduite est à gauche. Cela fait trois jours que Marcus est à Freeport et il a l'air de se débrouiller comme un poisson dans l'eau. Les routes sont peu éclairées et la vieille voiture n'a que les os et la peau. Max Dominique possède les pires bagnoles cabossées de toute la Caraïbe anglophone. Ne riez pas, il ne fait pas exprès. C'est un pauvre missionnaire qui contrôle un budget plus que réduit. En attendant ces voitures sont l'objet de plaisanteries lourdes de la part de Marcus et moi. M'attendait à l'intérieur une importante réunion avec de jeunes Haïtiens des Bahamas que je vous raconterai en détails. Je vous parlerai de ces jeunes gens qui se présentèrent à moi comme l'incarnation même de la jeunesse idéale, ardente, révoltée, pleine d'avenir.

Jeunes Haïtiens à Freeport

Deux événements m'ont touché profondément ces dernières années. D'abord, la fuite des paysans poursuivis par la misère et la terreur. Ensuite l'exode des jeunes.

Je comprends l'exil des hommes politiques. C'est inadmissible d'exiler quelqu'un de son propre pays, mais je comprends tout de même ça. À droite et à gauche, on exile ses ennemis politiques. Il est vrai qu'en Haïti, la définition de ce terme est assez vague. Je peux comprendre beaucoup de choses, mais je refuse d'accepter un pouvoir qui fait fuir sa jeunesse.

Il y a bien l'émigration, mais les jeunes (garçons et filles) que j'ai rencontrés à Freeport ce soir-là ne voulaient pas émigrer.

Ils portaient ce pays en eux. Ils l'avaient à la bouche. Ils le disaient avec leurs mots. Des mots simples, directs, qui vont droit au but.

Il y avait, rassemblés chez Max Dominique, de jeunes paysans, de jeunes urbains, de jeunes écrivains, de jeunes penseurs, de jeunes ouvriers. Tous affamés de leur pays.

Vous n'avez pas l'air de comprendre ce que je veux dire. Être obligé de quitter son pays à dix-huit ou vingt-cinq ans et cela contre son gré est un scandale inadmissible.

J'ai rarement protesté sur cette question (politique), ayant peur de l'inflation verbale comme de la peste. Je refuse de m'adresser aux hommes politiques de quelque bord qu'ils soient. Mon but est d'être lu par de simples citoyens. Précisément ceux qui prennent peur dès qu'ils entendent parler de politique. Ces gens que les hommes politiques méprisent et traitent de majorité silencieuse.

Je ne méprise pas du tout ces gens. Je trouve qu'ils font preuve de prudence. Ils souffrent en silence et ils aimeraient bien en parler. Mais avec qui? Qui croire? S'ils parlent, ils seront interdits de séjour en Haïti ou seront obligés de s'embrigader dans un parti à l'extérieur.

Je veux être grave, aujourd'hui. Aucun pouvoir n'a le droit d'expulser sa jeunesse. Aucun pays ne devrait accepter ça. Je le dis pour deux raisons.

Bien sûr, on n'a pas expulsé ces jeunes gens mais on les a poussés à l'exode. Comme on peut pousser quelqu'un au suicide.

Tout individu entre dix-huit et vingt-cinq ans devrait pouvoir vivre dans son pays. L'exil, comme la mort, est dur pour tout le monde, mais la communauté ressent une plus forte frustration à la mort d'un jeune. Quand un vieillard meurt, on pleure parce que sa sagesse nous manquera. Quand un jeune meurt, on pleure pour tout ce qu'il manquera.

Quand on quitte son pays à vingt ans, on peut perdre sa tête. On a connu trop de choses et pas assez. Je regardais ces jeunes réunis chez Max Dominique, à Freeport, et je sentais monter en moi cette rage. Comment peut-on mettre quelqu'un à la retraite à vingt ans.

La jeunesse du tiers-monde n'a pas d'adolescence. Très tôt, il lui faut s'impliquer, s'engager, se risquer – le poète Manno Charlemagne le dit bien. La jeunesse n'est pas innocente. Et ces jours-ci encore, on le voit bien, c'est elle le fragile espoir de ce pays.

Bien sûr, les partis politiques sont importants. Bien sûr, l'organisation d'une société est une chose essentielle. Mais la jeunesse en prenant la rue en masse à Port-au-Prince et dans les villes de province propose une nouvelle solution, donne un vif coup d'accélérateur au ronron du discours politique.

Je ne sais pas si cela m'a touché à cause de la Caraïbe (Bahamas) ou du fait que ces jeunes gens venaient de quitter le pays, il y a quelques mois pour certains et quelques années pour d'autres. Pour moi, ce fut la goutte qui a fait déborder le vase.

Ne me prenez pas pour un naïf qui vient de découvrir le malheur. J'ai passé huit ans au *Petit Samedi Soir* à sillonner le pays. J'ai vu la misère du Nord-Ouest. J'ai été trois fois à l'île de la Tortue, ce caillou au soleil. Fritz Longchamp m'a montré en détail les camps de travail (Delaware, Virginia, Maryland) des environs de Washington. Il y a trois ans, avec Jean-Claude Icart, j'ai découvert la misère des ouvriers haïtiens vivant à Paris. Je suis un témoin de cette sanglante décennie. D'ailleurs, c'est tout ça qui m'a poussé à l'humour noir. Il n'y a pour moi que l'humour noir pour exprimer l'absurde haïtien.

Alors, j'ai vu ces jeunes gens à Freeport. Pourtant, ils n'avaient pas l'air maigre ni en mauvaise santé. Ils étaient chaleureux, spontanés. Ils répondaient avec enthousiasme aux questions de Marcus. Ils avaient même des plans. Ils voulaient, je crois, aller à Miami. C'était la jeunesse.

Je ne dis pas ça pour faire l'éloge de la jeunesse et accuser les autres. Comme quoi passé un certain âge, on devient un bourgeois et un imbécile. Non, non et non. Ce n'est pas mon idée. Au contraire, il faut de plus en plus resserrer le tissu social haïtien, faire en sorte que tous les âges et toutes les époques soient véritablement soudés l'un à l'autre. D'ailleurs, c'est pas les salauds de vingt ans qui manquent. Mais être obligé de quitter son pays à vingt ans, c'est une irréparable injustice.

Ces jeunes gens sont rentrés chez eux fort tard. Ils sont disséminés dans tout Freeport. Je rentre faire mes bagages car demain nous (Marcus, Max et moi) comptons aller à Habaco, dans les fameux camps de travail des Haïtiens.

Le jeune homme déjà vieux et la jeune héroïne

La nuit dernière, une quinzaine de jeunes garçons et filles réunis dans le petit salon de la mission de Max Dominique, à Freeport, avaient longuement discuté de questions cruciales concernant leur pays (démocratie, pouvoir, paysannerie). Ils étaient partis, à contre-cœur, vers le milieu de la nuit. Cela faisait longtemps que je n'avais pas senti de la part de très jeunes gens une telle ardeur, un tel élan.

Une jeune fille, à peine de dix-huit ans, avait raconté comment elle avait tenu tête à son père, un homme au pouvoir. Elle avait, à l'époque, une quinzaine d'année quand elle a quitté sa mère pour aller vivre avec son père à Port-au-Prince.

C'est une jeune fille très pure, très courageuse et elle m'a paru profondément troublée du fait que son propre père soit un tel salaud. Elle racontait qu'elle écoutait souvent son père et ses amis conter leurs méfaits et que ça lui soulevait le cœur. Ces hommes parlaient des séances de tortures en buvant des verres de rhum et en riant grassement. Tout ça n'est pas très délicat pour de chastes oreilles.

Elle se révoltait, exigeait de son père de quitter ce travail. Le mot travail doit être pris, ici, dans un sens très large. Et comme son père refusait, elle se réfugia alors chez sa mère, au Cap. Une fois, dit-elle, son père la menaça. Une menace diffuse, floue, ambiguë. Elle prit de nouveau peur et s'arrangea pour quitter le pays à l'insu de son père. Je vous fais grâce de tous les détails horribles de ce voyage.

Mais cette jeune fille d'apparence fragile possède des nerfs d'acier. Elle a une manière de se pencher le buste en avant pour parler, ce qui est encore plus convaincant que ses mots. Elle parle d'une petite voix aiguë avec des éclats de fureur. Elle disait des choses horribles. Des histoires terribles à propos de son père, de ses amis tortionnaires, de l'ambiance qui l'entourait dans cette maison. Une atmosphère survoltée, effervescente, factice. Elle faisait remarquer que son père était chargé de détecter les faux jetons, c'est-à-dire ceux qui faisaient semblant d'être avec le pouvoir tout en étant prêts à le trahir pour un nouveau maître. Sous prétexte de conversation à bâtons rompus, son père s'arrangeait pour piéger ses propres amis tout en enregistrant subtilement leurs propos. En un mot, son père faisait de l'espionnage interne. Il espionnait les hommes au pouvoir pour le compte du pouvoir.

Elle a dit ça d'un trait, comme ça, avec des mots hachés. Le souffle court. Elle s'est arrêtée brutalement. Elle avait quelque chose à dire et elle l'a dite. Elle était assise à côté de moi, la poitrine oppressée, les genoux tremblotants. Elle ne tremblait pas de peur. C'est pas son genre. Elle venait de dire une chose grave, terrible, concernant son père. Son propre père. Avant elle, on parlait de choses importantes, dramatiques, mais avec une certaine distance. Elle a cassé tout ça. Elle a parlé d'elle. Avec une fougue désespérée. Avec rage et courage. Comme personne ne l'avait fait avant elle.

Je ne sais pas si vous avez déjà rencontré de ces personnes taciturnes qui ne prennent la parole que pour la porter le plus haut possible. Au-delà de la simple conversation. Vers les régions du cœur et du ventre. Voilà, elle a du cœur au ventre. J'ai toujours imaginé les héroïnes comme de pures jeunes filles. Elle est mince, la bouche vivante, les traits raffinés. Le genre d'adolescente qui laisse derrière elle une odeur de brûlé. Une odeur de foudre. Le coup de foudre. On sent chez elle une force vive, brûlante, passionnée. Elle a affronté le pouvoir et la mort. Elle est donc capable de tout. Cela fait longtemps que je n'avais pas rencontré ce genre de jeune fille éprise d'idéal et de justice. Elle a, comme on ne dit plus aujourd'hui, de la vertu. Et cela m'a troublé.

J'ai passé la nuit (dans la petite chambre monacale de Freeport) à penser à elle, à moi et à ma vie. Pourquoi je me sens si loin de cette sensibilité, moi qui m'enflammais si vivement il y a une dizaine d'années. J'avais toujours rêvé d'être un saint ou un héros. Au fur et à mesure que les années passent, je me sens ramollir. Je prends du ventre. Cette jeune fille aurait été, il y a dix ans, ma version féminine. Ces éclats dans la voix, ces accents lourds, ce buste penché en avant parce qu'on parle avec son corps, son âme, son être. J'étais cela. Et aujourd'hui, mes amis ne me reconnaissent plus. J'ai eu une longue conversation avec Marcus et il m'a regardé avec une pointe de désolation. Je ne suis plus, pour lui, le même jeune homme frissonnant de sensibilité. Pourquoi je ne peux plus m'engager au premier degré, participer, prendre des risques comme les autres? Pourtant, je n'ai que trente-deux ans. Qu'est ce qui fait que je sens tout cela si loin de moi? La tragédie haïtienne me touche encore, mais je ne suis plus constamment préoccupé par elle. Et pourtant la misère, l'injustice, elles sont constantes, présentes, toujours là. Quelquefois, je pense à me mettre au pas, à participer activement, mais quelque chose me retient. Une vision ironique des choses. Je vois le monde à distance. Je me demande si ces jeunes gens de Freeport deviendront un jour comme moi.

Cela fait deux articles que je consacre à ce groupe de Freeport. Cela m'a marqué. Je l'ai dit à Max Dominique. Cette jeune fille que j'ai à peine entrevue m'aura coûté des nuits d'insomnie. Ce corps mince, ductile. Cette âme passionnée de jeune héroïne comme une flamme mouvante coincée dans ce corps aux terminaisons nerveuses.

Les camps de travail

Après les préparatifs d'usage (valises, déjeuner, téléphone), la vieille bagnole de Max Dominique démarre péniblement, tourne à droite, ensuite à gauche, longe le casino, la banque et la vieille bâtisse retapée de l'hôtel pour se diriger vers la maison principale des prêtres, à Freeport.

Les valises changent de voiture. Un prêtre de grande taille, le visage plein et ovale, la voix caverneuse, nous conduit vers un petit aéroport local.

Un des jeunes hommes qui était chez Max la nuit dernière travaille ici depuis six ans. Vilsaint a quatre enfants (deux garçons et deux filles). Les garçons sont à Bahamas avec lui. Les filles, en Haïti. Il a travaillé auparavant avec la petite compagnie *Lucaya Air Beach*, à côté. Aujourd'hui, il travaille ici à *Helda Air*. Il fait le ménage du minuscule bureau de réception, aide à nettoyer les moteurs et s'occupe de toutes sortes de choses. Il essaie d'apprendre en catimini les rudiments de la mécanique, car les Bahaméens, dit-il, ne lui donneront aucune chance d'occuper un jour un poste important.

Les Haïtiens représentent 12% de la population du pays et les Bahaméens se sentent en danger. On en parle dans les journaux et à la chambre.

Pour une fois, nous partons à l'heure, à dix heures. Les passagers grimpent dans le petit avion. On essaie de le faire partir, une fois, ça ne marche pas. Finalement, au troisième essai, ça part. La chaleur est horrible à l'intérieur. Un homme très efficace sert de steward. Aucune porte ne sépare la cabine de pilotage du reste de l'avion, de sorte qu'on voit bien toutes les manœuvres du pilote. Les bagages sont disposés derrière le fauteuil du pilote et il n'est pas impossible qu'une valise lui tombe un jour sur la tête.

Si vous regardez par la fenêtre, vous aurez un spectacle à vous couper le souffle. L'avion survole bas un chapelet d'îles chatoyantes, vertes au milieu d'une mer turquoise.

C'est un voyage de quarante-cinq minutes. Elvire Jean-Juste nous attendait auprès d'un camion.

Cette énergique femme est chauffeur de camion, mère, jeune mariée et grand connaisseur de la poésie de Félix Morisseau-Leroy. Sur une route crevassée, bordée de fleurs et de jeunes arbres d'une forêt naissante, Mme Jean-Juste dit avec une joie enfantine les poèmes du vieil homme de Miami. Son père habite au camp. Son mari a diverses fonctions, dont celle d'être responsable du grand autobus. Lui n'habite pas au camp, mais dans une maison qu'il vient de finir. Elvire Jean-Juste vit à Miami, sans son mari.

C'est une famille éclatée. Et c'est ça qui m'a le plus touché pendant ma brève visite au camp. Durant la folle équipée, les gens se sont perdus de vue, n'ont pas eu le temps d'échanger leur adresse ou sont constamment en mouvement. Florent de la Croix m'a prié d'avertir son frère à Montréal qu'il vit à 480 Marchabourg, Habaco. Anthony d'Alger a un frère à Miami dont il a égaré l'adresse. Josette d'Haïti a un frère à Montréal. Agnès Thérissieu a des parents à Miami. Rubin Charles cherche Fanny Charles dite Madame Ollivier, Ramville Arthur et Duvernier Arystile. Ils sont mille personnes dans le camp durant la saison et cinq cents à sept cents à la morte saison. Tous ne rêvent que de retrouver un parent à Miami, Montréal, New York afin de quitter l'enfer de Bahamas.

La première chose que l'on remarque au camp, ce sont les enfants. Ils sont tout petits, presque nus et ils se faufilent partout. Dans les hangars, entre les caisses et dans les cours.

Les gens sont concentrés dans trois espaces. À gauche, de l'autre côté de la route, ce sont les nouvelles maisons, en blocs blancs avec des toits de tôles. Ces maisons ont un minimum de confort. Elles abritent chacune au moins trois familles. Il y a beaucoup de matelas à l'intérieur parce que l'important, c'est de dormir.

Au centre, c'est le hangar devenu tel depuis que le feu a ravagé cette zone. À côté du hangar, se trouve l'ancienne salle de cinéma qui abrite aujourd'hui quelques familles en attendant d'être relogées ailleurs. C'est la promiscuité.

L'arrière, c'est l'ancien camp où vivent la majorité des familles dans des maisons vertes. Elles ont essayé d'humaniser la zone en faisant des potagers ou des parterres autour des maisons. Il y a une douche commune avec une section pour les femmes.

L'organisation sociale du camp est assez solide. Au-dessus vient le chef du camp. C'est un Haïtien de petite taille que tout le monde appelle affectueusement Shorty. Il m'a semblé qu'il est très respecté et surtout qu'il fait de son mieux pour défendre les gens. Il dit que si les Haïtiens ne s'unissent pas derrière des revendications communes, il n'a aucun poids pour les défendre auprès de la direction.

Le camp est une propriété privée. Il appartient à un homme politique influent de Bahamas. C'est là qu'il parque les travailleurs qui ramassent pour son compte les légumes. Ils travaillent dix à douze heures en période de récolte et sont payés suivant le nombre de paniers de légumes ramassés. C'est très rare qu'ils fassent vingt dollars par jour. Les femmes trouvent plus difficilement du travail. Elles s'occupent des enfants, de la maison, ce qui est énormément épuisant. En plus, elles s'arrangent toujours à tenir de minuscules boutiques en vendant des produits de première nécessité (sucre, sel, soda, savon à linge, lait).

Bien sûr, il n'y a pas autant d'hommes que de femmes, à peu près un sur cinq. Et naturellement, certains hommes ont des relations privilégiés avec plusieurs femmes et d'autres (une majorité) pratiquent l'abstinence forcée. Sur la question de la jalousie, personne n'a voulu me répondre. La plupart m'ont dit que ce problème n'existait pas ici. Pourtant, en 1983, Désira a tué Gerson à cause de Lydie. Un meurtre au couteau.

Il ne faut pas croire une seconde qu'il se passe des orgies dans le camp. La moralité est veillée par de scrupuleux notables et d'énergiques jeunes militants religieux. Deux églises sont bien implantées dans le camp. Une église baptiste et une autre catholique.

Max Dominique a voulu nous faire rencontrer officiellement la population du camp et la réunion a eu lieu dans l'église catholique, sous la conduite du Pasteur Gardner.

Marcus a fait une présentation. Et moi, j'ai fait de même. Il n'y a pas eu beaucoup de questions concernant Montréal.

Les gens m'ont paru très peinés de nous voir partir. Ils ont l'air d'aimer les visites. Si vous passez aux Bahamas, n'oubliez pas qu'il y a des Haïtiens à Marchabourg et qu'ils seront contents de vous accueillir. Et comme toujours, les gens vraiment démunis sont plus généreux et ont plus à donner que ceux qui ont le confort. Je veux dire en chaleur humaine.

En quittant le camp, j'ai remarqué cette barrière et ces gros cadenas et on m'a dit que le camp était fermé tous les soirs à neuf heures. La liberté de circuler est l'une des plus fondamentales avec celle de l'expression. Cette liberté n'est pas respectée à Marchabourg, Bahamas.

Portraits croisés : Max et Marcus

Deux hommes totalement différents, unis par la même passion : celle de leur pays. Incroyable ! C'est rare que je voie un pays aussi aimé que celui des Haïtiens. Bien sûr ceux qui ne l'aiment pas occupent aujourd'hui le haut du pavé, mais la minorité qui se dévoue pour lui, le fait avec une ardeur exceptionnelle. Souvent, on parle d'Haïti comme d'un pays mal-aimé, mais on gomme alors toutes ces énergies dépensées, toutes ces fortunes englouties, toutes ces passions bues, tous ces hommes et toutes ces femmes qui ont tout donné sans nourrir aucune ambition personnelle, ni quelquefois l'ombre d'un espoir de voir ce pays changer un jour. Je ne parle pas uniquement de changement de gouvernement, mais de quelque chose de beaucoup plus profond, plus global, plus général.

Max Dominique et Marcus Garcia représentent, chacun à leur manière, ces Haïtiens malades d'Haïti.

Max Dominique est Spiritain, mais il n'est pas uniquement ça. Marcus Garcia est journaliste, mais il n'est pas uniquement ça. Ils sont fougueux, dynamiques, modernes, passionnés. Ils ont mis tout ça au service d'un minuscule coin de terre (à peine 27 700 km carrés).

Marcus Garcia, je le connais depuis longtemps. C'est un jeune homme arrogant, précis, direct et qui cache sous des manières un peu brutales un cœur de midinette. Max Dominique, je le connais depuis peu, me paraît un gosse fragile et pur qui cache une force indomptable, une foi ardente et une fidélité à toute épreuve. Ne vous fiez jamais aux apparences.

J'ai rencontré Marcus, il y a plus d'une douzaine d'années, à Radio Haïti Inter. J'avais écrit un article à propos de Alcibiade (l'acteur) et Marcus avait voulu me voir. C'était à l'époque un jeune homme très occupé, pressé même. Il m'a donné rendez-vous à la radio et nous avons longuement conversé sur la possibilité de donner un caractère plus professionnel à l'information à la radio. Marcus m'a tout de suite intégré dans son équipe du Journal de treize heures, sans aucun doute « le journal parlé le plus professionnellement fait ». Avec Marcus, il faut aller très vite, sinon on te laisse en arrière et c'est difficile de rattraper le train. Marcus est un rédacteur en chef très dur, qui exige des informations précises, sûres et vivantes. Avec lui, pas de verbiage. S'il y a un incendie, il faut y aller soi-même et revenir avec des interviews, des bruits de foule et très peu de commentaires personnels. Généralement, les journalistes haïtiens ne font aucune différence entre le reportage et un éditorial. Il faut qu'ils interviennent à tout moment pour moraliser, faire la leçon et surtout conclure comme si le lecteur était le dernier des imbéciles qui ne comprenait rien sans leur précieuse aide. Quand on se comporte ainsi, c'est le lecteur qui vous prend pour un imbécile. Et Marcus a voulu imposer ce style de journalisme sans prêchi-prêcha. C'était pas facile à comprendre, ça faisait très longtemps qu'on se prenait pour des Pic de la Mirandole. Il arrivait souvent que Marcus refuse un reportage en traitant le reporter comme un sale chien. Cela créait des frictions et on disait de lui qu'il était un dur. C'est vrai qu'il a horreur de la médiocrité. Je le connaissais un peu plus puisqu'on faisait du jogging tous les matins autour du Champ de Mars. Là, c'est un homme angoissé, maladroit, tâtonnant et insatisfait.

Je me souviens d'une anecdote assez particulière qui donne une idée du type. Sa femme était en train d'accoucher et Marcus était passé me prendre à la maison. On a été faire le plein d'essence à une station à l'angle de la rue Capois et de la ruelle Cameau. Après, Marcus est descendu vers la Grand rue. Ensuite on est remontés vers le Champ de Mars et nous avons fait trois fois le tour du Palais. urant tout ce temps, Marcus n'arrêtait pas de me dire quel homme cool, distant, blasé, il était. Bien sûr, je voyais qu'il avait complètement perdu les pédales. Mais il continuait, me demandant de lui passer une cigarette tout naturellement. Je ne fumais pas et il ne fumait pas. Alors? Alors je vous l'ai dit, cet homme a un cœur de midinette.

La première fois que j'ai rencontré Max Dominique, il m'a dit tout de go qu'il ne désirait pas me rencontrer parce que je suis à ses yeux trop caustique, ironique, fielleux et méchant. C'était avec Jean-Claude Icart et Manno Charlemagne dans un petit bar à Montréal. Dominique voulait que Manno Charlemagne vienne faire un tour chez lui aux Bahamas. Il portait des sacs de livres parce qu'il faisait ses emplettes (livres et disques) durant ses séjours à Montréal. Ce jour-là, il avait acheté *Les Confessions de St Augustin*. *Les Confessions* est un livre très important pour moi, et ça m'a rapproché de Max Dominique. Je l'ai questionné subtilement sur ses lectures, ses goûts. Ce grand lecteur de St-Jean de la Croix est aussi un groupie des Beatles. Il adore la littérature sud-américaine, se nourrit en poésie de Claudel et trouve Miguel Angel Asturias, Vargas Llosa ou Gabriel Garcia Marquez incontournables. Par contre, il ne lit pas trop Carlos Fuentès et n'aime pas Jorge Borgès. Il consomme beaucoup de sel, dort beaucoup. Max Dominique a un jardin secret. C'est un grand bassin d'eau émeraude sur la route de Marchabourg. Et là, comme un gosse, il passe des heures à faire des plongeons.

Marcus et Max: des gosses fous d'espoir.

Portrait d'un journal

Un soir, revenant de Brooklyn dans la voiture de Léo Joseph, je lui ai proposé de tenir une chronique hebdomadaire. Il m'a dit oui tout de go. Je lui ai demandé alors carte blanche. Il n'a pas hésité une seconde. Il a accepté et sur une centaine d'articles, il ne m'a pas censuré une seule fois et Dieu seul sait que je n'ai pas toujours été facile.

J'avais fait un petit sondage auprès de certaines personnes avant d'entrer à *Haïti-Observateur*. Et on m'avait vivement déconseillé de collaborer à ce journal. Mais pourquoi? Parce qu'on va te manipuler, t'exploiter, te censurer, t'embrigader. Eh bien, cela fait douze ans que je travaille dans le journalisme et c'est la première fois que j'ai un salaire fixe et que j'ai l'impression de n'être pas manipulé, ni embrigadé ni surtout censuré.

Ce qui m'a étonné et m'étonne encore aujourd'hui c'est que voici un type (moi) qui n'habite pas New York, qui n'est inscrit dans aucun parti politique, aucun groupe, aucune secte, aucun groupuscule, aucun clan et voilà que le journal le plus important de toute la diaspora lui donne une colonne spéciale pour dire ce qu'il pense à propos de tout, alors qu'il y a tant d'hommes influents à New York qui ont l'air d'avoir tant de choses importantes à dire. Qu'est-ce qui s'est passé? Il s'est passé ceci: *Haïti-Observateur* est plus libre et moins sectaire qu'on me l'avait fait savoir.

J'ai voulu mener ma petite enquête personnelle sur *Haïti-Observateur*. Tout d'abord, les hommes. Ceux qui ont fait ce journal dans cette arrière-cuisine d'un appartement prêté sans trop savoir à l'époque ce qu'était un journal. Car vous savez, un journal c'est beaucoup plus que les machines, les typographes, les correcteurs, les metteurs en page, les distributeurs, la publicité, les reporters, les chroniqueurs, les caricaturistes ou les éditorialistes. Cet article que vous lisez maintenant, s'il était mal dactylographié, mal corrigé, mal cadré, vous l'auriez lu certainement avec moins de bonheur. Et ce journal est l'ensemble de ces efforts conjugués vers un produit fini que vous trouverez, chaque semaine, disponible dans les kiosques à New York, Paris, Boston, Miami, Montréal, Ottawa: partout où se trouvent plus de cinq cents Haïtiens. Mais quand même il a fallu deux ou trois hommes pour initier le mouvement.

Joseph & Joseph Publishers

Je ne me suis jamais trop intéressé aux idées des gens. J'ai toujours préféré les regarder vivre. Je préfère l'intime au public. D'autant plus que nous autres Haïtiens gardons l'habitude de dire autre chose que notre pensée véritable. Nous aimons trop les déclarations de principe. Et nos idées sont souvent au-dessus de nos moyens. Nous croyons naïvement qu'il suffit de nous dire libéral pour le devenir

Dernièrement (il y a dix-huit mois), j'ai commencé à regarder vivre les frères Joseph. Le cadet, Léo (Léopold), a l'air plus ouvert et plus généreux que Ray (Raymond). Raymond m'a semblé plus impulsif, plus efficace, et sûrement plus audacieux que son frère. L'audace est une qualité fondamentale en matière de presse. Je soupçonne Raymond d'être plus prompt à la polémique et plus fougueux. Léo me paraît plus calme, plus serein. Raymond aimerait faire un journal plus dynamique, plus américain, plus prospère. Mais Léo, plus traditionnel, a peur que nous perdions trop vite notre identité. Ce sont des hommes pleins de contradictions. Car le traditionnel Léo est le solide défenseur de l'électronique, et malgré le côté américain de Raymond, je le crois plus traditionaliste. Vous voyez, dès qu'on entre dans la vie intime des gens, tout devient plus complexe, plus riche, moins schématique.

Ce que je ne comprends pas, c'est comment ces deux outsiders ont-ils pu devenir avec un tirage de 50 000 exemplaires les patrons de presse les plus influents de toute l'histoire de la presse écrite haïtienne? Et cela dans une société des plus hiérarchisées? Ce sont pourtant des hommes qui viennent du Sud d'Haïti. Fils d'un pasteur, au lieu d'enseigner l'écriture sainte, ils ont choisi l'alphabétisation. Ce sont des hommes de la base. Et c'est pourquoi leur journal est un journal à grand tirage.

Dès le début, ils ont créé un journal pour être lu. Et c'est pourquoi l'intelligentsia haïtienne a snobé ce journal pendant plus de dix ans. Comme quoi ce qui peut être compris par la majorité n'est pas digne d'eux. Bien sûr, à cette époque, *Haïti-Observateur* fournissait généreusement des informations «suspectes», tandis que cette même intelligentsia réfléchissait, chaque semaine, douloureusement sur ces mêmes informations.

Claude Moïse, un critique influent, m'a dit que si les intellectuels écrivaient des textes académiques et innaccessibles au lecteur, c'est parce qu'il est plus facile d'écrire de manière incompréhensible que d'écrire pour être compris. Et aujourd'hui après quatorze ans, la vision de *Haïti-Observateur* a triomphé. C'est l'avis d'un confrère de la presse américaine: *Time Magazine*. Pour *Time*, *Haïti-Observateur* vient dans le peloton de tête des journaux ethniques des États-Unis.

Pour ma part, *Haïti-Observateur* vient juste de sortir de son époque pionnière. Il est le véritable miroir de notre communauté. Quand il était un petit journal mal imprimé avec plein de fautes de frappe et d'informations «suspectes» il y avait peut-être un motif valable de s'en méfier, d'en être même un peu gêné. Mais aujourd'hui, qu'il est ce journal important et responsable, n'hésitons pas à être fiers de lui.

Si aujourd'hui, vous observez qu'il y a un manque quelconque dans une chronique ou dans une section, refaites-la vous-mêmes, car un journal, c'est comme une auberge espagnole: on y trouve que ce qu'on a apporté.

Manger sa vie

Brefs reportages sur la nourriture et ses effets secondaires dans la diaspora. Il faut d'abord tenir compte de deux faits essentiels. En Haïti, c'est la famine. Ici, c'est l'abondance. Je relate dans cet article quatre cas de comportement quotidien avec de la nourriture. Deux lieux: Montréal et New York. Trois femmes et un homme, entre dix-neuf et soixante-huit ans, deux célibataires et deux couples: quatre comportements différents avec la nourriture.

Une femme, quarante-six ans, m'a dit qu'elle n'arrivait pas à dormir à cause du réfrigérateur.

— Pourquoi, je lui demande?

— Eh bien, je me réveille la nuit pour aller ouvrir le réfrigérateur pour voir si c'est pas un rêve. Tu penses, toute cette nourriture, toute cette bonne nourriture, et c'est à moi.

— Et ça te rend heureuse?

— Oh non, j'ai des parents là-bas. Je sais qu'ils n'ont rien à manger.

— Donc, ça te coupe l'appétit?

— Oui. C'est malheureux. J'ai passé ma vie à rêver au jour où je pourrais avoir un poulet tout entier à moi. Je l'ai aujourd'hui, et je ne peux pas le manger.

— Tu devrais oublier tout ça, une fois au moins, et manger ton poulet.

— Ça ne passe pas dans ma gorge.

Une jeune fille, dix-neuf ans, qui travaille dans une banque à Manhattan. On déjeune dans un snack, en ville.

— C'est tout ce que tu manges, lui dis-je?

— Il faut que je surveille ma ligne, me répond-t-elle. D'ailleurs, j'ai trop mangé. Je dois perdre dix livres encore.

— Tu es maigre!

— J'ai à perdre ici (elle me montre ses hanches).

— Comment le sais-tu? Je ne vois rien moi.

— Mes jeans ne rentrent plus sur moi.

— Pourquoi? On dit que les hommes haïtiens n'aiment pas les femmes trop minces.

— Primo, je le fais pour ma santé. Secundo: les hommes ne sortent qu'avec les femmes minces. Les grosses nanas, c'est pour rester à la maison.

◆◆◆

C'est un Haïtien, trente-huit ans, qui vit avec une Québécoise à Montréal. Je l'ai rencontré dans un bar. Nous étions au sixième verre quand il m'a dit, la bouche un peu pâteuse:

Je ne blague pas avec mon ventre, moi. Quand je me suis mis avec elle, le premier jour, elle m'a fait une tourtière, cette espèce de... tu sais quoi. Je lui ai balancé ça en pleine face. Elle a pleuré un bon coup. Je lui ai fait comprendre que je suis un homme, et non un enfant et que si la tourtière revient encore une fois, moi, je fous le camp. Tu penses, elle ne connaissait même pas l'existence du riz. Je l'ai emmenée sur la rue St-Laurent et je lui ai montré ce que c'est: ça ma fille, tu peux faire tout ce que tu veux, rien ne pourra remplacer le riz. Il me faut du riz, chaque jour. T'entends. Tous les jours. Elle a essayé de me dire que c'est pas bon de manger la même chose tous les jours. Tu parles, je lui ai dit de ne pas parler de ce qu'elle ne savait pas. Tu ne connais pas le riz, alors ta gueule, Ginette. C'est Ginette, son nom.

J'ai acheté le riz. Un bon «Uncle Ben's». Je lui ai appris à le faire. Tout, hein, la cuisson. Elle m'a fait un premier riz. Immangeable. Je l'ai regardée dans les yeux et lui ai dit: tu sais Ginette, ça c'est une cause de divorce. Elle a ri et m'a dit qu'aucun juge ne divorcera un couple pour une pareille raison. Alors, je lui ai dit: peut-être, mais c'est une bonne cause de meurtre. Elle a compris que j'étais sérieux. Tu sais, je ne blague pas avec mon ventre.

◆◆◆

Une dame, soixante-huit ans, vit à Brooklyn avec sa fille et le mari de celle-ci. Le jeune couple a un enfant que la dame garde.

C'est elle qui fait à manger aussi. La jeune femme, vingt ans, sermonne sa mère à propos du dernier repas.

— Maman, c'est bon ce que tu fais, mais je t'ai déjà dit de ne pas mettre toute cette huile.

— Tu trouves qu'il y avait trop d'huile. Comment ça?

— Mais maman, c'est pas bon l'huile. C'est dangereux même, et tu en mets toujours trop.

— J'ai mis une glosse. C'est ce que je mettais en Haïti.

— Oui, maman, mais tu faisais à manger pour dix-huit personnes. Ici, tu en fais pour trois.

— Et alors?

— C'est trop d'huile.

— Je mettais une glosse en Haïti.

— C'est pas comme ça, ici.

— Comment c'est pas comme ça. Manger, c'est manger partout.

— Je veux dire, l'huile est dangereuse.

— Qu'est ce que ça veut dire l'huile est dangereuse? Je ne comprends pas.

— Ça fait grossir, maman.

— Tu ne veux pas grossir? En Haïti, tu prenais des pilules de Périactin pour grossir.

— Maman, on n'est pas en Haïti. C'est pas bien de grossir.

— Tu es maigre! Combien pèses-tu maintenant?

— Deux cent quinze livres.

— Bon dieu! Toi qui pesais deux cent soixante-dix livres.

— Je dois maigrir, maman.

— Je n'entends que ce mot depuis que je suis arrivée dans cette maison.

Cinéma : Rue Cases-Nègres

Je me vois comme une feuille légère et étourdie flottant sur une mer de sang et de boue. J'ai été élevé par ma grand-mère dans une grande maison avec cour intérieure et une rangée de baraques appartenant à ma famille et servant soit de dépôt pour le café, soit de gîte, pour les paysans qui devaient passer la nuit en ville. La ville était un célèbre port extérieur qui avait fait faillite, d'un coup, comme beaucoup d'autres. Les baraques n'abritaient plus de café, mais des familles nécessiteuses.

Mon grand-père fut spéculateur en denrées et officier d'état civil. Un notable. On a été riche, puis ruiné. On a vécu très largement, puis assez proche de la misère. Comme toujours, je suis arrivé vers la deuxième période et une femme était là pour me faire comprendre que j'étais l'enfant le plus riche du monde : ma grand-mère. Nous fûmes immédiatement complices et le restâmes jusqu'à aujourd'hui. Copains-jurés, quoi !

J'ai été voir, cette semaine, dans un cinéma à Montréal, le film d'Euzhan Palcy et ça m'a bouleversé, parce que justement c'est mon enfance qu'on raconte. Et comme pour toute œuvre importante, je ne suis pas seul dans la situation. L'histoire ne coïncide pas avec la mienne, mais les gestes sont les mêmes, les jeux, les amours, les interdits et surtout l'amitié follement charmante qui existe entre cet adolescent et sa grand-mère. Je vous la raconte brièvement en omettant la fin.

La mère morte, l'enfant se retrouve avec sa grand-mère, une vieille dame, fatiguée mais futée et courageuse. Nous sommes en 1930. La Martinique est un protectorat français. L'arrogance des békés (Blancs créoles) fait marcher la canne. Fort-de-France est une vitrine mais en dehors de la ville ce sont les plantations sinistres.

Vous connaissez ces zones misérables. Les plantations où l'on travaille du matin au soir, les baraques, l'école, l'église, le petit marché, la grande maison du béké, c'est tout.

Dans une de ces baraques vivent une grand-mère et son petit-fils. La grand-mère n'entend pas que celui-ci finisse dans les champs de canne. Il n'y a qu'une seule issue: l'instruction. C'est le sujet du roman de Joseph Zobel et du film d'Euzhan Palcy.

Ce film, lui aussi, a une histoire. Euzhan Palcy a lu à quatorze ans le roman de Zobel et en a été bouleversée. Le roman a paru en 1950 et a été interdit pendant plus de vingt ans à la Martinique. Aujourd'hui c'est pour les Martiniquais une sorte de *Gouverneurs de la Rosée*. Palcy décide d'en faire un film. Elle écrit elle-même le scénario avant de monter à Paris chercher des fonds. L'argent est difficile à trouver par une jeune femme (vingt-huit ans), noire. Tout compte fait, l'argent est difficile à trouver pour n'importe qui de nos jours. Mais cette jeune femme est habitée par l'âme de la grand-mère du roman, c'est-à-dire que rien ne pourra l'arrêter. Aujourd'hui, je brode sur une pareille histoire, mais essayez de faire un film, vous verrez. On risque d'y laisser sa peau.

Zobel

J'aimerais la rencontrer un jour pour qu'elle me raconte l'histoire de cet argent ramassé en France pour faire un film qui met mal à l'aise la France. J'adore ces ruses de démuni. Comment leur dire: «Vous avez été odieux (vous l'êtes encore) et je vous demande de me financer pour que je puisse vous dénoncer à la face du monde». Quand j'écris «face du monde», je dis vrai, puisque le film a tout d'abord fait un ravage dans la Caraïbe avant de souffler le Lion d'argent au Festival de Venise.

Il y a quatre histoires maintenant, celle du roman qui était aussi, apparemment, celle de Zobel, il y a celle du film et celle d'Euzhan Palcy, la cinéaste.

Venons au film. Je ne le raconterai pas pour ne pas l'éventer. Je décrirai une seule scène, celle du début. L'ouverture.

Voici les baraques: les hommes et les femmes en âge vont travailler laissant les enfants seuls. Cela commence par un combat. Une couleuvre et une mangouste. Les paris sont ouverts. La mangouste a le dessus. Ensuite les enfants se retrouvent chez l'un d'entre eux. On veut se faire à manger, s'habiller comme des grands et l'on récolte un bol cassé. Que faire? C'est déjà le soir. Les adultes rentrent, épuisés. On paie pour le bol cassé.

C'est simple, mais qui n'a pas vécu ça. Les images de Palcy sont justes et vraies.

Les enfants sont encore seuls. Le rêve de tous les enfants du monde: une ville sans adultes. Et triste ironie, ce sont de pauvres enfants vivant dans un champ de canne au bout du monde qui réalisent le plus grandiose rêve de tous les temps. Cette fois, on décide d'aller voler dans un jardin. On pille. On trouve un œuf. On veut le faire cuire. On n'a pas de feu. Il faut des allumettes. Une enfant, une gosse, veut y aller. Il lui faut une bouteille. Elle baratine la boutiquière et se retrouve avec les allumettes et une bouteille de clairin. On boit. On se saoule. On met le feu.

Revenons à mon histoire personnelle. Ma grand-mère m'avait toujours promis une bicyclette. Une bicyclette rouge. Chaque jour, au retour de l'école, je lui rappelais sa promesse. Puis, un jour, quelqu'un est venu et m'a permis de prendre sa bicyclette. Je l'ai prise et depuis on ne m'a jamais plus revu.

Chaque fois que vous rencontrez sur votre chemin un enfant sur une bicyclette rouge. Eh bien, c'est MOI.

Allez voir *Canne amère*

C'est l'aube. On voit des ombres sur l'écran. Des silhouettes fugitives. Des corps bougeant.

C'est une plage.

Des gens prennent place à bord d'une longiligne pirogue qui les amène à un voilier, un peu plus loin.

Sans bruit. Presque par signes. Je ne me souviens plus si on entend le bruit des vagues.

Fin de cette première séquence filmée clandestinement sur une petite plage d'Haïti.

De cette petite plage quelque part en Haïti, ces gens vont tenter une aventure unique dans l'histoire de ce pays. La traversée de huit cent milles marins qui séparent Haïti de la Floride sur de légers voiliers.

Plus loin, une femme commente ces premières heures. «J'avais fait savoir, dit-elle, que je voulais partir. Finalement on m'a fait signe. J'ai été là-bas sur cette petite plage et là, j'ai dû attendre plusieurs jours dans de dures conditions avant l'arrivée du voilier».

Plus loin encore, une autre femme fait le reportage de la traversée. Dans un langage imagé, haut en couleurs, elle raconte une tempête avec des éclairs, des trombes d'eau, des vagues furieuses, des cris, des pleurs et des prières.

Il y a eu des morts aussi. Un jeune homme raconte cette chose terrible qu'on avait vue à la télévision. Ces corps jetés sur la plage. Corps d'hommes et de femmes encore jeunes.

Le jeune homme raconte qu'à un certain moment, l'eau a commencé à envahir le bateau. Ils se sont tous mis à l'ouvrage. C'était peine perdue. La plupart des gens ne savaient pas nager.

Cette histoire est doublée par des scènes d'un tableau illustrant ce moment effroyable. Une chanson de Manno Charlemagne avec des accents doux, d'une douceur qui cache la plus extrême violence, la plus terrible rage, accompagne ces morts.

Je vous ai raconté cette histoire d'une traite, mais en réalité le film est bien plus complexe (*Canne amère*, réalisation: Jacques Arcelin, documentaire, New York, 1983). Il raconte plusieurs histoires imbriquées l'une dans l'autre comme des poupées russes. C'est l'histoire du café haïtien avec ses paysans pauvres, ses spéculateurs, ses exportateurs. Toute la chaîne menant au capitalisme international. C'est l'histoire de la canne à sucre, la *Haitian Sugar Company*, mêlée à celle de l'Occupation américaine. C'est l'histoire des petites usines d'assemblage de la zone industrielle de Port-au-Prince, au début des années 80. Mêlée aussi à celle du *lumpen prolétariat* de Carrefour, Tokyo, Brooklyn; l'histoire de la misère rugissante de ces zones aux anophèles gonflées de malaria. Et c'est surtout l'histoire, en arrière-plan de cette colonie passée à la République avec armes et sans bagages.

Donc, le titre *Canne amère*, tout beau qu'il est, est inexact. Il ne s'agit pas uniquement de canne à sucre. Je peux comprendre ce titre dans le sens d'une métaphore un peu acidulée. Haïti comme une canne amère.

Les images sont très nettes. Le montage, malgré la disparité des sujets, est fort juste. On comprend très bien ce qui se passe. Il y a un narrateur qui fait le lien avec un texte pudique, sobre, direct et nécessaire.

Tout serait parfait s'il n'y avait l'affreux commentaire de Ben Dupuy qui a trouvé le moyen de faire d'un solide film documentaire presqu'une vulgaire propagande. Je dis «presque» parce que ce documentaire est si bien fait qu'il a vaillamment résisté à la plus dynamique médiocrité.

Les images avaient déjà tout dit. Les hommes et les femmes aussi. Surtout ces deux femmes qui travaillent à cette usine de vêtements. Elles avaient tout expliqué, de fil en aiguille, comme seules savent le faire des couturières. Tout: le travail dur, le milieu malsain, les *boss* qui veulent les coucher, les femmes qui baisent pour garder un emploi et celles qui baisent et perdent malgré tout leur emploi, le salaire misérable (deux dollars et soixante sous par jour). À la fin, elles ont même nommé l'agresseur: les États-Unis. Que voulez-vous de plus!

Il faut l'humilité de croire que les gens savent bien qui les exploite et pourquoi. Ces gens l'avaient compris et l'expliquaient avec leur sang et leur oxygène. On était à la fois renseigné et ému. Mais voilà Ben Dupuy qui s'amène pour surexpliquer. Je trouve cela méprisant. À chaque fois que des gens parlent de leur vie, sous prétexte qu'ils n'ont pas le vocabulaire technique, des imbéciles s'amènent pour faire le joli chœur. Quand Ben Dupuy a des problèmes, je me demande s'il fait appel à des paysans pour commenter la situation à sa place. Quelle idée malheureuse de se croire plus intelligent que les autres juste parce qu'on est assis dans une bibliothèque.

Je dis ça parce que, en plus des nombreuses interventions assommantes de Ben Dupuy, il y en a une que je trouve typique d'une certaine mentalité. L'interviewer demande à un paysan ce qui ne va pas et celui-ci de répondre qu'il n'a pas plu depuis longtemps. Dupuy commentant la réponse affirme que les paysans pensent encore au ciel pour analyser leur réalité. C'était un peu vrai, mais pas sur toute la ligne. La sécheresse existe aussi. Et le paysan n'est pas obligé de vous faire une réponse longue comme le bras avec «semi féodalisme et féodalisme» pour vous parler de sa fatalité. Si Ben Dupuy a mal à la tête et on lui demande comment il va, je suis sûr qu'il répondra, tout simplement, qu'il a mal à la tête et qu'il ne vous fera pas un cours sur le cerveau et les neurones. C'est la même chose.

Je ne suis nullement en train de dire du mal des intellectuels. Ce sont des gens aussi utiles que des cultivateurs, des sportifs, des menuisiers ou des marins. C'est un métier honorable. Je dis seulement qu'on n'est pas obligé de l'exercer 24 heures sur 24.

Ce moment de rage passé, je recommande ce film chaudement, parce que c'est un documentaire bien fait, important, nécessaire et surtout parce qu'il nous apprend beaucoup sur nous-mêmes.

Portrait : Manno Charlemagne

Ce n'est pas un portrait de copinage. Manno Charlemagne ne m'aime pas. Je ne l'aime pas. Mieux: nous nous respectons.

Manno Charlemagne, je l'ai connu brièvement à Port-au-Prince. Il y a trois Manno Charlemagne.

Le premier est un jeune chanteur engagé, tout à fait occupé à réveiller la conscience de ses amis d'adolescence. C'était à l'époque un artiste de Carrefour qui ne savait pas encore qu'il avait un talent national. Je l'ai vu jouer à Carrefour, une commune de Port-au-Prince. Mao, je crois, a dit qu'il faut être dans le peuple comme un poisson dans l'eau. Manno Charlemagne, ce soir-là, me faisait l'impression d'un poisson qui aurait appris à jouer de la guitare.

Le deuxième Manno Charlemagne, c'est peu après son premier disque. Il ne se produisait plus uniquement à Carrefour. Quitter son coin, c'est le propre de tout artiste qui a quelque chose à dire à plus de dix personnes. Il a un talent pour se faire écouter par un million de personnes.

Il y avait à Port-au-Prince? il y a encore aujourd'hui? des jeunes gens aussi talentueux que Manno Charlemagne. Des poètes. Des comédiens. Des peintres. Des journalistes. Et il n'y a rien qui attire le talent plus que le talent. Il était donc au milieu de ses pairs.

Voici le premier drame: Manno Charlemagne, malgré ses visites incessantes à Carrefour et même malgré le fait qu'il y habitait encore, avait l'impression d'avoir trahi Carrefour.

Il avait alors une curieuse idée du peuple. Il croyait que le peuple n'était que ce petit monde de Carrefour avec ses camionnettes, ses boutiques, ses pauvres écoliers et sa misère rugissante. Il n'avait pas encore conscience du fait que le peuple, ce sont les sept millions d'Haïtiens (vous ferez les soustractions nécessaires et cela selon votre idéologie).

Alors apparaît le deuxième Manno Charlemagne, celui qui fustige ses amis, les traitant de tous les noms que le marxisme met à la disposition de ses fidèles pour accuser l'ennemi de classe.

Il criait partout que ces jeunes poètes, comédiens et journalistes sont la lie de l'humanité haïtienne et les représentants d'une culture bourgeoise dont il faudra faire sauter la structure. Or, il se trompait. Bien sûr, il y avait des comportements ambigus, mais ces jeunes gens qui se battaient comme lui n'avaient pas que des qualités. Ce n'était quand même pas des anges. Manno Charlemagne n'est pas un ange non plus. Il n'arrivait simplement pas à percevoir qu'à côté des défauts rencontrés souvent chez les jeunes gens  (l'ambition, le snobisme, la prétention), il y avait le fait que ces derniers résistaient, comme lui, aux sirènes de l'argent et du pouvoir. Et résister à cela en Haïti, ou mieux encore dénoncer cela, c'est beaucoup plus que de la vertu.

Avant d'aborder le troisième Manno Charlemagne, il me faut clarifier mon point. Manno Charlemagne est un être angoissé et totalement sincère. Il jouit, ce qui est un terrible privilège, de cette lucidité décapante doublée d'une sensibilité frissonnante. Ce qui ne fait pas un homme de tout repos. Chaque fois que je le croise, j'en sors brisé. Comment un homme peut-il jouer sa vie aussi gravement? Lui aussi, pensant à moi, doit se demander: comment un homme peut-il rester aussi léger face à un drame si effroyable?

Le troisième Manno Charlemagne, le voici aujourd'hui dans toute la force de ses convictions. De sa «konviksyon», devrais-je dire en créole.

J'ai écouté son dernier disque, tranquillement assis dans un fauteuil. Je l'ai écouté deux fois. La première fois, pour entendre sa parole, la couleur de ses mots, la chaleur de son timbre, la fièvre de ses passions.

La deuxième fois, j'ai pris des notes.

Je n'ai pas résisté à réécouter dans la foulée son premier disque, et ce qui est pire encore à vouloir faire la comparaison avec le deuxième. Je n'ai pas le droit, car Manno Charlemagne a presque le devoir de changer et, faisant cela, je ramène cinq à six ans en arrière. Pourtant, j'ai quand même relevé de curieuses divergences.

Dans le premier disque Manno Charlemagne chantait avec le peuple et aujourd'hui, il chante pour le peuple. Ce n'est pas là un vain jeu de mots.

Manno Charlemagne, en Haïti, cherchait la politique dans la vie et aujourd'hui, il cherche la vie dans la politique. C'est encore une différence de taille.

Un détail: il utilise aujourd'hui beaucoup plus de concepts et beaucoup moins de sang. Je veux parler du sang des mots.

Ce qui reste: Manno Charlemagne est encore un grand poète. Pour la passion qu'il met à chanter ses mots, pour le fait qu'il est l'un des très rares poètes à savoir cogner dur (ses poèmes sont comme des coups de crosse à la mâchoire) et pour tout de même la tendresse qu'il cache si mal et qui perce si bien à travers certaines chansons.

Je ne peux pas aimer Manno Charlemagne, mais je le respecte infiniment.

Gaillard : le plus grand de tous

Roger Gaillard est l'être le plus complexe que j'aie jamais rencontré. J'ai connu Gaillard dans des conditions difficiles. Marcus Garcia dirigeait à l'époque l'information à Radio Haïti Inter et je travaillais à la salle des nouvelles.

Garcia est un mélange d'arrogance, d'honnêteté et de conscience professionnelle. Gaillard venait de rééditer son étude sur Jacques Roumain. Jean Dominique était dos-à-dos avec Gaillard. Ce dernier n'avait pas automatiquement droit au micro de Radio Haïti Inter.

Garcia m'a tout de même envoyé faire l'entrevue avec Gaillard. Je le rencontre chez lui, dans sa cour. Il m'accueille froidement. Je lui dit tout d'abord que je n'aime pas les interviews puisque personne ne dit la vérité dans ce foutu pays. Il me répond qu'il a lui- même interviewé beaucoup de gens et qu'il me comprend. Il faut savoir que Gaillard est journaliste dans l'âme. Je sors mon matériel et on commence l'entrevue.

Roger Gaillard, vous avez dédié votre Bobo «à Salvador Allende, mort pour ses idées», et, vous, vous êtes bien vivant pour vos idées ?

Gaillard me répond sur le même ton en citant Marx et s'ensuit près d'une heure d'échanges d'une violence et d'un courage inouïs.

Marcus réduit l'interview à trente-cinq minutes, ne gardant que les moments cruciaux. Cela provoque un tollé.

Si je me souviens bien, Gaillard a surtout raconté le personnage Gaillard.

Dieudonné Fardin rentre le premier dans la salle des nouvelles, le visage épanoui. Il confie à Marcus n'avoir jamais entendu rien de pareil.

Dès le lendemain, les protestations affluent. Des gens influents du milieu culturel font irruption dans le bureau de Dominique pour protester contre ce qu'ils appellent un sabotage.

Dominique fait venir Marcus et en présence de ces mêmes personnes lui demande son opinion sur cette affaire. Marcus affirme qu'il n'y a aucune raison de censurer cette entrevue, d'autant qu'elle lui paraît techniquement bonne. «Alors, ça me va», lâche simplement Dominique.

Voilà un homme, Jean Dominique, qui a risqué sa fortune pour défendre les propos d'un autre, Roger Gaillard, son ennemi à l'époque.

Cette histoire a la saveur des vieilles sagas historiques. Gaillard a un peu joué sa tête. Marcus, la sienne. Plus humblement, moi aussi. Mais Dominique a joué sa station de radio, sa tête, pour une entrevue qu'il n'a peut-être jamais entendue.

Pourtant c'est à Roger que je pense la nuit. Dominique, dans les années 1970, a joué son rôle de héros jusqu'au bout et tout d'une pièce. Gaillard fut plus subtil, plus nuancé, plus angoissé.

J'ai revu Gaillard quelques mois plus tard, dans une ambiance plus détendue. Nous étions assis dans son minuscule bureau, un cagibi. Le décor est sobre. Une pièce nue avec une vieille machine à écrire sur une petite table, des murs lisses et deux sièges. Si Gaillard n'était pas athée, il serait prêtre. Il a un obscur côté bénédictin. Gaillard travaillait à côté de moi. Nos jambes se touchaient presque. Il tapait son texte directement à la machine, sans se servir d'aucun brouillon. Ce style m'avait beaucoup impressionné. Il me rappelait les romanciers américains que je lisais à l'époque (Hemingway, Steinbeck et surtout Dos Passos). Gaillard est pour moi le type même de l'intellectuel.

Je soupçonne chez lui une cruauté terrible. Il serait capable de vous écraser comme une punaise si vous vous placiez sur sa route.

Qu'est ce qu'il pense d'Alexis? «Oh, Alexis, il n'y a qu'un mot pour le définir: brillant». Puis son visage s'assombrit et il me conte une anecdote terrible à propos d'Alexis, du temps que lui, Depestre et Alexis habitaient le même appartement à Paris.

Ensuite, il pointe son doigt sur une étagère et me montre une longue rangée de classeurs noirs. Toute la recherche de son étude pour *Les Blancs débarquent* est là. Il lui fallait trouver les moyens de les publier.

Tout était donc prêt, il y a dix ans déjà.

Nous passons au salon et c'est un autre Gaillard. Moins aigre et plus prompt à parler de lui. Je lui demande: «quel est le livre qui vous a le plus marqué?» Le livre le plus important de sa vie, c'est *Le Capital de Marx*. Mais celui qui l'a le plus marqué reste *Thérèse Desqueyroux* (1927), le roman de Mauriac.

Il m'avait l'air plus intéressé à parler du roman de Mauriac que de l'essai de Marx. «Après avoir lu Thérèse Desqueyroux, me dit-il, je restai trois jours au lit, pantelant, sans pouvoir bouger».

Quand j'y pense, Mauriac a marqué Gaillard plus profondément qu'on ne l'aurait soupçonné. Gaillard a imité sa voix; et le pire, il a hérité de l'un de ses tics fameux. Mauriac a une façon de frapper les gens. Il vous dit brutalement une chose abominable et tout de suite après il porte une main béate à sa bouche comme si cela lui avait échappé malgré lui. Il le fait avec un curieux petit rire de gorge et des yeux innocents. J'ai plusieurs fois vu Gaillard faire la même chose. C'est une chose affreusement lâche parce qu'on a l'impression d'avoir été perçu par un enfant; et comme la vérité sort de la bouche des enfants...

J'essayais ce soir là de l'épier afin de percer à jour un mystère. Je voulais surprendre le secret de Gaillard, mais Gaillard ne fait confiance à personne.

Gaillard a été longtemps critique d'art. Il a quelques tableaux chez lui. Il a un regard quelque peu pervers pour me dire qu'il se fait donner une toile chaque fois qu'il écrit un article sur un peintre. Il m'a semblé que son peintre préféré, du moins chez les modernes, est Jean-René Jérôme. Tout cela m'a choqué.

Mais Gaillard est ambigu. Il donne l'impression d'être un intellectuel alors qu'on ne le sent pas uniquement cela. Cet homme qu'on croit physiquement lâche a déjà plongé dans les eaux traîtresses du Bois-de-Chêne pour sauver une parfaite inconnue. Un tel mélange de raffinement et de vulgarité me met mal à l'aise. Je me sens en présence d'un monstre sacré. Je l'observe du coin de l'œil comme on observe au zoo un tigre dans sa cage. Va-t-il me croquer comme un vulgaire bonbon? Voilà un homme dont on dit avec raison tant de mal qui prépare minutieusement sa revanche.

Mais qu'est ce qui fait courir Roger Gaillard?

Gaillard a depuis longtemps décidé de courir seul. Il laisse partir les autres, les *sprinters*. Et les types du cent et du deux cents mètres filent comme une flèche sous les applaudissements du stade. Les coureurs du cent-dix mètres-haie décrivent de splendides arabesques émerveillant le stade. Tout cela peut amuser le public pendant un moment. Mais voici qu'arrivent les vieux coureurs de fond. Les marathoniens du quarante-deux km. Les marathoniens, selon la métaphore de Georges Anglade, ce sont ceux qui ont joué sur la durée et non sur la conjoncture. Et ces types de l'*Opus Magnum* commencent depuis un certain temps à faire leur entrée dans le stade. Gaillard en tête avec sous le bras sa dizaine de volumes sur l'Occupation américaine et la Résistance paysanne.

Quand on pense que l'œuvre peut-être la plus importante du XXe siècle haïtien a été publiée en feuilleton dans le journal officiel *Le Nouveau Monde*, on comprend la complexité du personnage. Roger Gaillard est en train de coiffer tout le monde au poteau. Par sa technique qui consiste à mêler reportage, enquêtes sur le terrain et recherches dans les archives et surtout par cette manière qu'il a de confondre la version officielle avec les voix populaires (la mémoire du peuple), Roger Gaillard ne rappelle nul autre que ce géant de Madiou.

Gaillard a osé placer la barre plus haut que les autres et c'est normal qu'il saute plus haut que tout le monde. Il est le plus grand de tous.

Brierre : le syndrome jérémien

Etzer Vilair

L'école de Jérémie soulève toujours le cœur. J'ai souvent considéré Jérémie comme la plus importante réserve de verts mirlitons de la République. On dirait une immense guildive où les poètes, à longueur de nuit, travaillent à imprimer du sirop.

J'ai peu fréquenté le poète Etzer Vilaire (1872-1951), et le peu que je sais de lui m'a comme rebuté. Vilaire est un homme angoissé, travaillé par de terribles interrogations métaphysiques et de bien concrets complexes physiques. Et je lis pourtant avec scepticisme, sans pouvoir arrêter ce sentiment grandissant en moi, que Vilaire est peut-être sincère, mais d'une sincérité comme placée, disons artificielle.

C'est ça, la poésie venue de Jérémie m'a toujours fait cette impression navrante. J'ai essayé un soir de comprendre cela avec Robert Maugé.

C'est que Jérémie est une ville, on dirait faite par et pour des poètes. Sa configuration géographique, sa nature agreste, sa beauté abrupte, tout ça trop évidemment poétique, a dû contraindre les poètes à la chanson secrète, aux confidences nocturnes, à l'alcool, à la tuberculose et aux suicides extravagants.

Mais cela n'est pas de la poésie; c'est de la vaseline, de la vieillerie romantique.

Ce serait trop facile s'il suffisait d'être vaguement tuberculeux, d'avoir l'âme basse un soir de demi-brume ou d'être simplement l'ami de Vilaire, comme le fut Edmond Laforêt (1876-1915), pour se croire poète.

Le seul homme, à ma connaissance, à avoir pris sa ville à rebrousse-poil est bien Émile Roumer (1903-1988).

La beauté de Jérémie m'apparaît comme un trompe-l'œil, un piège, dans lequel sont tombés naïvement toute une caravane de rimailleurs.

Mais pourquoi les mauvais poètes se font-ils lire? Parce que leurs niaiseries passent grâce à une métrique impeccable, voire au rythme

Jean Brierre

qui leur accorde un poids et, d'une certaine manière, qui les rend justes et vraies.

C'est vrai, malheureusement les poètes jérémiens sont souvent des hommes trop cultivés. Le poète jérémien sort à 5h00 comme la marquise, fait un tour de sa ville avant de rentrer, la nuit venue, l'âme en feu. Il voudrait dire ce qu'il sent mais les mots ne sont pas au rendez-vous. Alors il ouvre son Verlaine et devient Verlaine. Qu'est-ce qui a poussé cet homme de lettres à se croire poète quand il n'est qu'un admirable lecteur de Verlaine? C'est ce décor romantique qui a basculé plusieurs générations d'hommes dans ce dix-neuvième siècle verbeux.

C'est à tout ça que j'ai pensé quand j'ai appris que Jean Brierre allait venir à Montréal.

Brierre m'a déplu dans les premiers moments. Il a un langage fleuri et comme il dit «le don des larmes». Heureusement, nous avions pris rendez-vous pour le lendemain.

Avec Ghislaine Charlier, Guy-Gérard Brierre et Compè Filo, nous sommes allés le voir chez Jacqueline Fouché dans ma vieille Ford.

Brierre avait l'air épuisé, mais heureux. Il a un visage fin, des yeux vifs, petits, toujours émerveillés. Sa beauté me rappelle le profil de Virginia Woolf. C'est un homme raffiné qui s'excuse de fumer en présence des gens. Il accueille les autres avec une joie enfantine. Il semble avoir fait très tôt de l'amour la grande affaire de sa vie.

Il a un certain dédain pour l'argent et plus que du mépris pour la mesquinerie. Brierre est d'abord, il faut le dire, un homme foncièrement bon.

Cela ne suffit pas à faire de vous un bon poète. Alors je me suis mis à l'observer, à l'écouter parler, à l'entendre caresser ses souvenirs, afin de percer son secret.

Brierre est un lâche qui refuse de fuir devant le danger. Toute sa vie, il a dû se défier. J'ai vu un enfant désemparé, éblouissant de courage, toujours au bord des larmes.

Nous avons tous, mêlés en nous, le masculin et le féminin. Les imbéciles passent leur vie à rejeter chez eux la part féminine. Brierre l'a exaltée. Il y en a qui montent la garde avec leurs muscles; Brierre le fait avec son cœur et ses larmes.

Mais là encore, méfiez-vous. Ce saule pleureur est un dur. Un dur à cuire.

Je lui ai demandé ce qui l'a empêché de devenir fou là-bas, à Dakar, si loin de Jérémie?

«Effectivement, me répondit Brierre, je me sens, certaines fois, comme au bord de la folie». Il s'est tourné alors vers sa femme pour ajouter avec un fin sourire: ... «Mais Rosette n'en sait rien». La merveilleuse Rosette a simplement murmuré: «Tu crois ça, Jean?» Brierre a alors répliqué: «Bien sûr, Rosette, tu me vois parler seul, mais...» Rosette a doucement repris: «Je sais, Jean». Rosette nous a regardés un moment de ses yeux en amande et avec cette courtoisie toute dakaroise, a simplement ajouté: «Vous savez, il peut passer des jours sans parler».

Tout Brierre est là dans ce dialogue à voix basse. Je sentais qu'il y avait chez cet homme une terrible douleur et cette insupportable solitude. Comme on est loin de ce conteur inépuisable, cet homme au verbe trop riche, cet enfant trop fêté et surdoué! Regardez sa bouche et vous verrez que les lèvres minces sont un peu serrées. C'est l'homme qui souffre et qui refuse d'en parler.

Je lui ai posé une autre question et il a bien voulu me répondre et sa réponse est digne d'être notée intégralement.

MOI: Jean Brierre, il y a une photo de vous, très jeune. Vous étiez encore étudiant et vous vous teniez debout, dans un étroit complet noir, devant un bicoque de l'Avenue Magloire Ambroise...

BRIERRE: «Oui».

MOI: Qu'est-ce que cet homme de soixante-quinze ans, plein d'expériences et de gloire que vous êtes devenu aujourd'hui, peut bien dire à ce jeune homme affamé de l'Avenue Magloire Ambroise?

BRIERRE: Je peux lui dire à mon ombre, à mon frère habillé de noir... je t'ai respecté. J'ai entendu ta voix me parler sur toutes les routes. J'ai respecté ton innocence, mais aussi ton courage... Nous ne nous sommes jamais séparés. Je lui dirais: «Excuse-moi, mon vieux frère, l'heure est venue de... de nous séparer». Lui restera, moi, je m'en vais sur une route difficile, mais avec la certitude que dans mon ombre, son ombre sera toujours plus dense que la mienne.

P.S. : Jean Brierre est mort à Port-au-Prince en décembre 1992.

Danger : Le plaisir de détruire

Ghislaine Charlier m'a demandé, un jour, qui étaient mes maîtres. Je crois lui avoir répondu qu'ils ne sont que deux : le terrible Louis-Joseph Janvier et le modeste Raymond Philoctète.

Bien sûr, le Raymond Philoctète des « minichroniques ».

Philoctète publiait au *Nouvelliste*, deux ou trois fois par semaine, sa minichronique, sorte de capsule ne dépassant jamais une vingtaine de lignes dactylographiées.

Ce fut dévastateur. On achetait facilement le journal uniquement pour lire les quinze à vingt lignes de Philoctète. Quelquefois, il nous faisait une fleur et atteignait les cinquante lignes.

Pour vous donner une idée du désastre. Les lecteurs arrachaient le journal des mains du crieur et le gardaient ou le lui rendaient selon que l'article de Philoctète s'y trouvait ou non.

On s'attendait à chaque fois, et on était servis à souhait, à un petit ballet d'humour fin, de clins d'œil, de faits croqués au vif, de réflexion acide. La recette : c'est que malgré un cœur gros comme ça, Philoctète arrivait à garder l'œil sec.

Dès que vous dites Philoctète, on pense à René Philoctète (1936-1995). Pour nous, ce nom évoquait plutôt Raymond, cet homme discret et cultivé.

Pour marquer la différence entre la prose et la poésie, Sartre avait coutume de dire que la prose se sert de mots tandis que la poésie sert les mots. Raymond Philoctète est cet homme courtois et négligent qui s'efface derrière les autres. Lisez son *Anthologie de la poésie haïtienne contemporaine*, (Montréal, CIDIHCA, 2000*)* et néglige de passer en avant.

Le poète sert les mots, mais Philoctète préfère servir la poésie. Cette modestie est bien l'une des formes les plus grandioses de l'orgueil ; l'orgueil d'être le serviteur des serviteurs.

Quant à Louis-Joseph Janvier, le terrible pamphlétaire, il donne l'impression d'un homme immodeste et orgueilleux, alors qu'il est simple, torturé, et anxieux.

J'ai toujours imaginé faire un bouturage de ces deux hommes. J'ai souvent essayé de l'être. Adolescent, je voulais être un saint.

Je voyais en Janvier un homme qui voulait remplir toute la scène (il a collectionné tous les diplômes) pour montrer qu'un Haïtien pouvait le faire. Ainsi, il a dû tout faire, tout apprendre. J'imaginais les pénibles nuits froides de Paris où Janvier, seul, essayait d'être l'université. Je voyais le studieux Janvier, apparemment écrasé devant le savoir occidental, je le voyais, lentement, péniblement, se redresser. Tout cela pour arracher de la bouche du raciste cette moindre concession: «c'est un Nègre... mais quelle intelligence!». Si, aujourd'hui, nous n'avons plus besoin de refaire ça, c'est parce que Janvier l'a fait tout seul.

Je me souviens de mon horreur quand, à 17 ans, j'ai dû constater que mes compatriotes, du moins ceux qui écrivaient dans les journaux, étaient des hommes grossiers, inélégants et insensibles. Quelqu'un à qui je me confiais m'avait dit qu'il y avait tout de même Raymond Philoctète. Que cet homme n'essaie pas de bousculer les autres et si vous n'entendez pas parler de lui, c'est parce que justement...

Justement, je voulais être l'homme qui occupe toute la scène et en même temps l'autre, celui qui travaille dans l'ombre. Le grand écart.

Depuis trois semaines, je sais que j'ai tout gâché. L'homme dont l'opinion comptait tant pour moi m'a jeté un regard sévère et, peut-être, justifié.

Raymond Philoctète a parlé de moi dans *Haïti-Progrès*. Il l'a fait de manière si brutale et presque si vulgaire que je vois là encore une part de sa générosité. Il voulait me donner la possibilité de lui répondre. Il laissait traîner volontairement çà et là quelques coquilles, des erreurs de jugement, des négligences de style que je serais bien le dernier des aveugles si je ne voyais pas là le fait si net que Philoctète l'avait fait exprès.

J'ai écrit que «Brierre est un lâche qui refuse de fuir devant le danger». Philoctète feint de buter sur une formule aussi disgracieusement claire. Philoctète, ce presque grammairien, doit connaître cette règle en latin. Il sait sûrement que «lâche qui refuse de fuir devant le danger» n'était qu'une autre manière de dire que Brierre est un homme courageux qui reste conscient du danger.

Philoctète le sait. Je sais qu'il le sait. Il sait que je sais qu'il le sait. Alors?

Alors, il voulait tout simplement me mettre en garde contre l'enflure, la prétention, l'ignorance orgueilleuse, la bêtise et surtout contre ce monstre qu'il sait tapi en moi: le plaisir de détruire.

C'est bien ce monstre qui m'a fait traiter d'imbécile un homme que je n'ai jamais vu: Ben Dupuy. Je lui fais, ici, des excuses publiques et sincères. Ma critique du documentaire *Canne amère* reste valable à mes yeux, mais il n'y avait aucune raison de traiter Dupuy d'imbécile. Si j'avais pu, j'aurais racheté l'édition complète de ce numéro pour effacer le mot imbécile. Ou plutôt, j'aurais laissé le mot, mais à côté de mon nom.

C'est tout cela que Philoctète a voulu, peut-être maladroitement, fustiger chez moi. C'est tout cela qui me pousse à prendre le mois de décembre en congé de réflexion. J'espère, lecteurs, que le glacial mois de décembre me permettra de voir plus clair en moi. Je reviendrai dès le première semaine de 1985. D'ici là, passez les fêtes comme vous pouvez: joyeuses ou tristes.

Méditation à Noël

La dernière fois qu'on s'est quittés, ça fait un mois, je voulais méditer un peu, souffler surtout, et, peut-être, me relire, afin de déterminer mon axe intérieur, en un mot, ce qui fait courir Dany Laferrière.

Aujourd'hui que j'ai pris tout un mois pour cela, je dois dire que les résultats sont minces.

Tout d'abord, il est impossible de méditer durant cette vaniteuse période dite des fêtes.

Ma femme voulait coûte que coûte aller passer les fêtes avec sa famille, à Spring Valley (New York). Je lui ai dit pourquoi pas avec ma propre famille, à Miami? Ce que ma femme et moi, nous nous sommes alors dit ne regarde pas le lecteur.

Sa mère, qui lit en ce moment cet article, doit bien se dire que ce n'est pas à cause de la grippe de Mélissa (ma fille) que nous ne sommes pas venus passer les fêtes avec elle, mais plutôt à cause de mon égoïsme. Heureusement, ma fille, à Miami, doit penser la même chose à propos de ma femme.

Sa famille réside à Spring Valley. La mienne à Miami. Nous habitons Montréal. Ma fille est née à Manhattan. Nous sommes encore souchés en Haïti, puisque le gros de nos deux familles vit à Port-au-Prince. Alors, Noël en famille, ça se passe au téléphone pour nous. C'est encore en envoyant les cartes de vœux que la plupart des Haïtiens ont remarqué avec stupeur que ce pays (Haïti) a effectivement explosé. Nous envoyons des cartes partout dans le monde. J'ai un ami qui a envoyé une carte du Japon. Il s'est marié avec une Japonaise et travaille là-bas dans une station-service.

Ma fille a fait le vœu fou que tous les Haïtiens puissent rentrer un jour en Haïti afin de passer Noël en famille. Ils pourraient arriver le 23 décembre et repartir le 26. Il n'y a que les enfants pour avoir de pareilles idées.

Cessons de rêver et revenons sur terre. Après d'épuisantes négociations, j'ai demandé à ma femme pourquoi sa mère ne viendrait pas passer les fêtes avec nous? Pour ceux qui l'ignorent, en hiver Montréal est perçue comme une banquise. Si vous invitez quelqu'un chez vous entre décembre et mai, il pense qu'il va mourir de froid, devenir un bloc de glace et surtout qu'il va rester bloqué par une tempête de neige. En effet, ma femme a appelé sa maman et celle-ci a refusé, prétextant toute sortes de choses.

Finalement, le voyage à Spring Valley ou à Miami a avorté. Je me suis dit que ça me donnerait un peu de temps pour méditer. Méditer sur quoi? Suis-je le bon garçon que ma mère a rêvé de faire de moi ou un vulgaire garnement sans loi ni mesure? Suis-je l'écrivain sensible qu'enfant je rêvais d'être ou un monstre sans cœur? Et surtout qu'est-ce qui fait que je préfère le rire à l'angoisse? Aujourd'hui encore je n'ai aucune réponse à ces questions et, peut-être même, que je n'en aurai jamais.

De ces interrogations glacées, je retiens l'unique fait que je n'ai pas peur des autres, mais seulement des démons qui m'habitent. Cette phrase peut impressionner, mais je viens de remarquer qu'elle est fausse. J'ai peur d'une petite fille de quatre ans. Ma fille est l'être humain le plus terrible que j'aie rencontré. Elle croit que l'univers lui appartient. Elle est vorace. Elle entend avaler tout ce qui bouge sur terre. Je me rappelle que j'avais un tel appétit, mais je l'ai perdu en chemin. Certains vivent à froid. À l'ombre de Mélissa, il fait toujours cent quatre-vingt degrés fahrenheit.

Pour ses cadeaux, elle m'en a fait voir de toutes les couleurs. J'hésite à lui faire des surprises parce qu'elle change de passion toutes les 24 heures. En désespoir de cause, j'ai sorti un catalogue, j'ai commis l'imprudence de lui demander de choisir ses propres cadeaux. Elle a tranquillement ouvert le catalogue avec des yeux brillants et une jolie langue rose qui n'arrêtait pas de saliver, et, croyez-moi, elle a choisi tous les jouets. Quand il y avait deux bicyclettes, elle n'a pas lésiné, elle a pris les deux. Comme elles étaient identiques, je lui ai simplement demandé pourquoi les deux. Elle m'a regardé avec de grands yeux avant de me faire remarquer qu'elles n'étaient pas de la même couleur. En effet, l'une était bleue et l'autre, rouge.

Je suis en train d'écrire cet article et je doute de sa pertinence. En quoi les histoires de mon quotidien peuvent bien intéresser un lecteur de Boston? Je n'ai pas de réponse à cela. Cela ne m'intéresse même pas. Ce qui a aujourd'hui une importance à mes yeux, c'est le seul fait de donner libre cours à mon monologue, mes passions et mes raisons. Que cela plaise ou non n'a aucune importance. Ce qui m'importe, c'est d'exprimer ce qui me semble être vrai et de le faire avec précision. J'ai une sainte horreur des débats, des harangues, des prêches et des discours.

J'ai déjà assez de problèmes avec ma vieille Ford pour m'occuper en plus de politique. Cette vieille carcasse refuse de démarrer à partir de zéro degré. J'ai changé le démarreur, l'alternateur et ma batterie est neuve, mais elle ne démarre pas pour autant. Je dois la faire *bouster* tous les matins. Je vais passer un hiver affreux dans ces conditions. Ma fille me menace de changer de papa, ma femme de divorcer, si cette voiture continue à nous faire geler ainsi. Je n'ai pas le cœur à jeter à la ferraille ma vieille Ford.

Vous vous demandez, lecteurs. Quand est-ce que j'ai eu le temps de méditer avec tous ces malheurs? À vrai dire, je n'ai pas eu le temps. Donc, mes articles ne seront, pour cette saison encore, ni moins bons, ni meilleurs. Il faudra me prendre comme je suis. Brouillon.

Jean-Claude Charles : un style

Je m'en veux encore de n'avoir pas défendu avec assez de ferveur le bouquin-reportage de Jean-Claude Charles *De si jolies petites plages* paru en 1983, aux Éditions Stock/Nouvelle Optique.

Envoyé par la Télévision française faire ce reportage sur la situation des réfugiés haïtiens dans les prisons américaines, Charles en a profité pour affronter ses propres démons. C'est ce que l'establishment politique haïtien ne lui a pas pardonné. La règle dans les affaires haïtiennes, c'est de ne pas mélanger sa vie personnelle avec ses combats publics. L'écrivain, c'est pourtant celui qui arrive à mettre ses tripes à l'air. Charles est un écrivain et il prend cette fonction au sérieux.

J'ai rencontré Charles, pour la première fois, au Faubourg, alors qu'il prenait un verre en compagnie d'Émile Ollivier.

Prenez ces deux écrivains, Charles et Ollivier, en tout cas les deux hommes les plus dissemblables à ma connaissance. Charles est un long jeune homme avec des jambes interminables et un style télégraphique. Ollivier est tout en rondeur avec des phrases qui deviennent classiques avant même que l'encre ne sèche. Pourtant, c'est Ollivier qui avait insisté pour que je lise Charles.

Charles m'a offert de m'asseoir à leur table.

Qu'est-ce que tu prends ? Whisky ? Scotch ?

Whisky, dis-je.

Le garçon m'apporta un double-whisky et la conversation roula sur la littérature américaine.

Charles a vécu aux États-Unis, il y a quelques années. Aujourd'hui, il réside à Paris. Il reste attaché aux écrivains noirs américains. C'est sa sensibilité. En France, je ne vois que Céline pour l'impressionner. Son écrivain fétiche est un noir de Harlem avec de petits yeux, un regard-laser, une machine à écrire déglinguée, des années de prison et une fournée de romans noirs qui le placent à côté des plus grands écrivains de notre époque. Son nom : Chester Himes.

Qu'est-ce que tu lis en ce moment, m'a demandé Charles?
Bukowski, fis-je. Charles Bukowski.

Charles fit venir le garçon et commanda à nouveau la même chose pour tout le monde. Son livre *De si jolies petites plages* venait de paraître et il avait peut-être reçu un peu d'argent de l'éditeur.

Ollivier sirota tranquillement son verre de vin. Il avait un manuscrit chez Albin Michel, et un coup de fil, ce matin même, lui donnait de bons espoirs. Il avait passé haut la main la première lecture. Il n'y a rien comme cela pour mettre un écrivain en forme. Mais Charles tenait à lui filer quelques tuyaux.

Émile, il ne faut pas le laisser faire, tu dois discuter ton contrat, ça t'a pris quelques années pour écrire ce foutu bouquin, n'aie pas peur de prendre quelques heures pour le défendre.

Ollivier hochait la tête. Charles connaît la musique. Il est sur place à Paris. Il sait que le milieu de l'édition est assez sauvage. Ollivier visualisait plutôt son livre dans les librairies.

À l'époque, nous ne pouvions savoir que *Mère Solitude* (Paris, Albin Michel, 1983) allait connaître un tel succès. D'ailleurs, très peu de gens l'avaient lu en manuscrit. On savait que Ollivier écrivait son roman. On ne savait rien d'autre.

Charles sourit pour dire qu'il est ainsi. Lui aussi travaille dans la dissimulation. Pourtant, il n'arrive pas à cacher ses longues mains brunes et minces. Je ne sais pas s'il tape à la machine. Le style et la machine sont des matériels complètement différents, qui peuvent influencer l'écriture. Ollivier, c'est sûr, écrit à la main.

Charles ne sait pas où mettre ses jambes. Il est un peu nerveux, vif, rapide. On dirait un homme toujours de passage.

Il ne semble être chez lui nulle part.

Vous n'avez pas remarqué, dit-il, que ce sont les exilés qui ont fait la littérature de ce siècle: Joyce, Beckett, Nabokov.

Le problème, semble-t-il, avec la littérature haïtienne, c'est qu'elle a une terre. Même les écrivains longtemps en exil ne peuvent s'en débarrasser. Prenez René Depestre, par exemple. Charles n'est pas fou du travail de Depestre. Je l'ai trouvé un peu sévère même avec *Alléluia pour une femme-jardin* (Paris, Gallimard, 1981), le recueil de nouvelles érotiques de Depestre. Sur le fond, je partage son opinion.

Charles a un drame. Il sent Haïti beaucoup plus que ceux qui la nomment à tout bout de champ. Vous connaissez la violence des pudiques.

Charles vient de publier un roman, son cinquième livre. Il a fait un saut à Montréal. Hérard Jadotte, son éditeur montréalais, m'a téléphoné pour m'inviter à souper. Quatre convives : Charles, Jadotte, Laforest et moi. Souper brillant dans un décor fastueux, les murs couverts de toiles de Davertige et Bernard Wah.

Jean-Richard Laforest a la conversation la plus blessée et la plus nuancée que je connaisse. Il me rappelle douloureusement le poète Dylan Thomas. Jadotte reste l'amoureux fou de Billie Holliday. Ce soir-là, on a fait tous les projets, tout en sachant que peut-être aucun d'eux ne se réaliserait.

Peut-être un seul. Celui de faire savoir aux Haïtiens que Jean-Claude Charles est de loin l'écrivain le plus brillant écrivain de sa génération.

Portrait du poète en chou-fleur

C'est Jean-Claude Fignolé qui me l'a présenté, un après-midi d'août, en pleine mer.

Fignolé est un mélange d'aventurier, de critique, d'essayiste, de marin, de marchand et de libertin. À la fois cynique et généreux, libéral et désespéré. Il rappelle Roger Vailland. Sans la phrase sèche et brève et surtout sans l'œil d'aigle de Vailland.

Fignolé a son style et un talent certain. Il publie des livres brillants avec un souffle de scandale. Un peu malgré lui. Avec cette séduisante désinvolture. Ce genre plaît aux femmes.

Fignolé fut, pendant un temps bref, un de mes héros secrets. J'admirais sa prétendue paresse, son dilettantisme, son cynisme.

Généralement, les intellectuels haïtiens ont l'air sirupeux, sérieux, constipé, prétentieux, sans style, dépourvu de charme. Et moi, je ne peux admirer un esprit sans séduction.

Fignolé est d'une folle séduction. Plus tard, j'ai appris à me défaire de son filet de charme. Et mon admiration s'est doucement métamorphosée en indifférence.

Un jour de l'été 1974, Fignolé m'invita à venir faire un tour en bateau et me présenta à un jeune homme, à peine sorti de l'adolescence, comme étant l'un des êtres les plus cultivés et les plus raffinés de sa connaissance.

Ce jeune homme avait dix neuf ans, ce midi, et se nommait Michel Soukar.

Soukar me parut très grand avec ce visage poupin, un peu rond, qui lui donnait l'air d'un chou-fleur.

Il portait une chemise de flanelle, un sourire discret et tenait un livre d'Octavio Paz.

Nous sommes passés à l'avant du bateau. Le soleil tapait fort. Dans un de ses poèmes, Soukar notera, plus tard, parlant du ciel port-au-princien qu'il est *net et dur*.

Nous avions la mer à nos pieds. La mer Caraïbe n'est pas bleue; elle est turquoise. Le poète, rêvant d'images naïves et pures, remarque ces *cervelles des presqu'îles grosses des ruts d'oiseaux à queue de poisson dans la maraude du ciel en fumée*. C'est aussi chatoyant que du Chagall.

Nous avons causé avec, un peu en arrière de nous, une bonne vieille bouteille de rhum. Soukar ne boit pas. Fignolé, si. René Philoctète était avec nous aussi. Et moi je bois à l'occasion.

Le bateau filait, fendant la mer, jusqu'à un certain ban de corail. Le ciel, au-dessus. La mer, autour de nous. Port-au-Prince au loin. Il pleuvait sur Port-au-Prince. Une petite pluie fine. Soukar nota nonchalamment ce petit poème à la manière japonaise (*La pluie sur Port-au-Prince, la ville fond avec le ciel, l'onde, le lointain rivage*).

Soukar m'a donné l'impression, cet après-midi d'été émeraude, d'avoir énormément lu. Avec son cœur; *un cœur au galop*. Il connaissait bien les écrivains latino-américains et les lisait quelquefois dans le texte. À l'époque, je ne connaissais que Neruda, Amado et Asturias. Soukar avait déjà lu des écrivains du second rayon. Il lisait tranquillement des auteurs réputés inabordables, comme Joyce et s'intéressait énormément au théâtre. Philoctète s'est toujours intéressé au théâtre et terminait, à l'époque, son important *Monsieur de Vastey* (Port-au-Prince, Fardin, 1975). Soukar et Philoctète s'entendaient comme larrons en foire. Sa conversation était délicate, mesurée et sans prétention.

Nous ne nous sommes pratiquement plus revus. Il a travaillé quelque temps avec moi au *Petit Samedi Soir*. Il faisait partie de la bande à Fignolé et Fignolé ne m'intéressait déjà plus. Nous nous sommes souvent croisés au journal, mais sans grande chaleur.

Ce n'est qu'en 1979, lors de mon voyage en Haïti, que nous avons repris contact. Nous nous voyions la nuit, surtout. Soukar est un nocturne. Ses livres sont des carnets d'un promeneur solitaire. Son œil aigu perce la nuit. Il note au vol les événements, les petits faits, le rythme de la nuit.

Je me souviens d'une merveilleuse nuit que nous avons passée ensemble.

Il y a des quartiers à odeur de jasmin. Soukar note: *la nuit en fleur*.

Pour l'ouïe, il signale *le cri des oiseaux fous*.

La nuit est luxurieuse. En une phrase, il nous l'épingle. Ces voitures alignées le long des trottoirs n'échappent pas à son œil. *Des automobiles ont transformé les rues désertes en lupanar.*

Port-au-Prince, cette ville étagée sur quinze collines avec des taxis-fourmis qui escaladent les rues monte-au-ciel. Quelquefois nous croisions sur notre route *une meute de chiens maigres*.

Mais tout le mystère de la nuit port-au-princienne se trouve au creux de cette fragile interrogation: q*ue fait cette vache à cette heure sur un chemin de capitale?*

Ce bon gros Franck

Taille moyenne, ventre rond, visage rougeâtre, appétit monstre. Tel est Franck Étienne (Frankétienne), ce Rabelais des Caraïbes.

La première fois que j'ai rencontré Franck Étienne, il venait de publier *Ultravocal* (Port-au-Prince, 1972, Paris, Hoëbeke, 2004). J'ai été l'interviewer chez lui pour Radio Haïti-Inter. Il habite encore une modeste maison remplie de livres, d'objets et d'instruments de musique.

Franck Étienne est un hôte accueillant. Le sourire large, il me fait entrer, m'aide à installer mes micros et l'interview démarre tranquillement.

J'étais à l'époque un tout jeune homme et Franck Étien-ne, un écrivain confirmé. Durant la journée que nous avons passée ensemble, il ne m'a pas donné une seule fois l'impression qu'il s'adressait à un cadet. Franck Étien-ne n'est pas snob pour un sou.

Ultravocal avait fait un énorme bruit et les critiques le manipulent avec la précaution d'artificiers en train de désamorcer une bombe.

Comme toujours, très peu de gens ont vraiment lu le livre, mais tout le monde en parle avec des transports dans la voix. On a l'impression qu'avec *Ultravocal*, Franck Étienne a carrément dépassé les limites du folklore, qu'il n'est déjà plus un écrivain insulaire et qu'après *Ultravocal*, le paysage littéraire haïtien ne serait jamais plus le même.

Franck Étienne est assis en face de moi, le visage anxieux. Je n'ai jamais rencontré un écrivain si soucieux de l'image qu'il va projeter. C'est un homme d'une timidité excessive et qu'un rien blesse.

Je voudrais savoir comment ses confrères-écrivains avaient accueilli *Ultravocal*. Franck Étienne secoue la tête tristement. «Vous savez, dit-il, on ne peut pas les contenter. J'ai écrit une fois un roman assez court: *Mûr à crever,* (Port-au-Prince, 1968). Eh bien, mes chers amis ont dit que mon livre est si bref qu'il serait possible de le commencer dans un tap-tap qui partirait du Portail Léogâne pour en terminer la lecture avant d'atteindre le Portail Saint-Joseph. Aujourd'hui, j'écris ce livre de 300 pages et ces mêmes amis me reprochent sa longueur. Alors que dois-je faire?»

Et c'est parti pour une de ces longues plaintes gémissantes dont Franck Étienne seul a le secret. Il lève les bras au ciel et se dit traqué, incompris, mal aimé, trahi, poignardé. Je n'ai jamais rencontré un homme aussi fragile.

Mais Franck Étienne est aussi doté non seulement d'une indomptable énergie, mais surtout d'une ambition exceptionnelle. Figurez-vous que son rêve c'est d'être le Dostoïevski haïtien et d'écrire une œuvre pouvant tenir tête aux *Frères Karamazov*. Bien sûr, il se surestime un peu. Dostoïevski, ce n'est pas rien. Mais il faut respecter une telle ambition.

Franck Étienne appartient à une génération où est rare, non point le talent, mais le fonds de santé dont le talent a besoin pour s'épanouir. Justement, c'est cette santé qui ne lui a jamais fait défaut. Franck Étienne a commencé sa carrière d'écrivain avec bien moins de talent que les autres écrivains de sa génération, mais à la force de ses poignets, il s'est hissé à la première place.

Ce qui l'a aidé (sa santé) peut aussi le détruire. Il fait trop confiance au courage, à la force, à la volonté et ne tient pas assez compte de la faiblesse, de la défaite, de la délicatesse. L'œuvre de Franck Étienne risque paradoxalement d'être décadente à force de santé.

Je me souviens d'une conversation ensoleillée que j'ai eue avec Franck Étienne, en été 1979, sur la terrasse de son école. C'était un après-midi terrible. Des centaines de camions lourds d'armes circulaient dans la ville. De sa terrasse, nous dominions le bas de la ville. Les quartiers populaires, les marchés, le Bel Air. Le laboratoire de Franck Étienne. Peut-être le plus grandiose spectacle quotidien de Port-au-Prince. Franck Étienne, d'un large geste de la main, me désigna son territoire. C'est là qu'il puise ses personnages à la fois si urbains et si mythiques. Et un écrivain qui jouit d'une telle richesse ne peut ima-giner l'exil que comme la mort. Franck Étienne s'enorgueillit de n'avoir jamais quitté son pays. Et il trouve curieux que les autres écrivains en exil lui reprochent le fait d'être resté en Haïti. Franck Étienne n'a jamais pardonné à ceux qui ont divisé artificiellement ce pays en deux. Les BONS à l'extérieur. Les MAUVAIS en Haïti. C'est vrai que c'est un raisonnement sorti tout droit de la névrose de l'exil. Étienne prend cela trop au sérieux. Il est trop rancunier, trop dur avec ceux qui l'ont fait souffrir. Sa revanche, elle aussi, semble être nourrie de la même névrose. On a fait de nous des névrosés.

Cet après-midi, Franck Étienne me parle plutôt de ses appétits monstres. Il aurait préféré être non pas écrivain, mais sculpteur. Sculpteur de pierre. Bûcheron. Ou encore cinéaste. Il aime travailler avec ses mains qu'il a solides et larges.

Ce n'est pas un tiède. Il a écrit *Dezafi*, le premier roman créole paru en Haïti en 1975. Officiellement. C'est une histoire assez louche. Je savais qu'Émile Célestin-Mégie avait terminé le manuscrit de son roman créole, *Lanmou pa gen baryè* (1976), entrepris quelques années avant celui de Franck Étienne et l'avait déposé aux Éditions Fardin. J'arrive un jour aux Éditions et Fardin me dit que Franck Étienne vient de lui envoyer un chèque pour imprimer son roman afin qu'il paraisse avant celui de Célestin-Mégie de sorte que *Dezafi* soit officiellement le premier roman écrit en langue créole paru en Haïti.

Il ne faut pas lui tenir rigueur pour cela. Les monstres (pas dans le sens péjoratif) doivent tout dévorer sur leur passage. Les hommes, les bêtes, les plantes. C'est de cette pâte que sont faits les grands écrivains.

Émile Ollivier :
Profil perdu d'un aristocrate

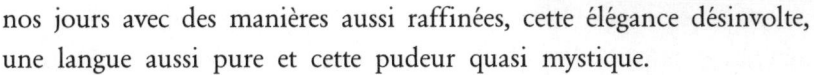

Émile Ollivier est certainement le dernier aristocrate haïtien. Je ne vois personne de nos jours avec des manières aussi raffinées, cette élégance désinvolte, une langue aussi pure et cette pudeur quasi mystique.

Beaucoup de gens sont élégants et pudiques, mais très peu le sont naturellement.

C'est ce qui, dans mon lexique personnel, distingue un aristocrate d'un bourgeois. Le bourgeois observe des règles. L'aristocrate établit ces règles.

C'est dans la paysannerie haïtienne qu'on rencontre le plus grand nombre d'aristocrates. Dans la bourgeoisie, malheureusement, on ne rencontre que des bourgeois.

L'aristocrate est comme le dandy. Il a sa propre grammaire. Et en même temps, il obéit à un code secret, ancien et immuable. Le soleil qui se lève et se couche chaque jour, de la même manière, est un aristocrate. Il ne joue pas à être le soleil. On aurait dit qu'il n'a aucune conscience de son importance. Louis XIV, qui se fait appeler Le Roi Soleil, est un bourgeois.

Il y a des gens qui passent leur vie à vouloir devenir un nom propre et d'autres dont le rêve serait d'être un nom commun. Les premiers sont des bourgeois. Émile Ollivier fait partie des seconds.

Lectures

Ollivier est un lecteur vorace et insatiable. Il emprunte plusieurs chemins. Il suit de près les écrivains sud-américains, mais aussi s'intéresse aux réflexions socio-politiques d'un Cornelius Castoriadis ou d'un Edgar Morin. Il est le premier à m'avoir signalé l'importance du virage technologique, la place énorme du multimédia, de la mode dans notre vie moderne. Du point de vue professionnel, les questions relatives à l'éducation des adultes le préoccupent. Il produit depuis quelques années une réflexion sur l'alphabétisation des adultes à Montréal qui soulève une véritable controverse.

Avec lui, je parle plutôt de littérature, de style. Notre grande préoccupation, c'est de savoir s'il est possible d'être ouvert au monde tout en restant enraciné (un mot horrible) en Haïti. Donc, la littérature sud-américaine se trouve au centre de nos conversations. Ollivier, qui s'intéresse au cinéma, raffole du cinéma italien. Pour ceux que la question passionne, le cinéma italien n'est pas loin du roman sud-américain. Je peux dire que la préoccupation première d'Ollivier, c'est de trouver l'angle de vue qui lui permette de voir la réalité d'une manière à la fois originale et populaire.

Gastronomie

C'est Faulkner qui trouvait son snobisme à dire qu'il était fermier avant d'être écrivain. Ollivier, si jamais la littérature le laisse tomber, restera un fin cuisinier, l'auteur de ce magnifique canard à l'orange mangé chez lui un jour de décembre de l'année 1978.

Deux hommes dominent incontestablement la cuisine à Montréal. Le cosmopolite Émile Ollivier et le nationaliste Claude Moïse. Moïse est bien le maître de la cuisine haïtienne. Ce Gonaïvien peut vous parler longuement de la lourde cuisine artibonitienne dominée par le riz, de la riche cuisine du Nord, de la légumineuse cuisine du Sud dominée par le gombo et de cette cuisine à la longue cuisson de l'Ouest. Moïse distingue les épices, les odeurs, les couleurs et les goûts de ces différentes gastronomies départementales. Ollivier, cet homme de l'Ouest, tourné vers le monde, s'intéresse aux cuisines françaises, japonaises, tout en gardant une affection filiale pour le riz. La cuisine de Moïse est d'une cuisson plus longue que celle d'Ollivier. Ce n'est pas pour rien que Moïse s'intéresse à l'histoire et Ollivier au roman.

Musique

Je ne crois pas qu'Ollivier s'intéresse beaucoup à la musique. Breton trouvait la musique inutile. Ollivier, sûrement, ne va pas si loin. J'ai remarqué que les écrivains qui ont beaucoup de musique dans leur langue s'intéressent très peu à la musique proprement dite. Par contre, Ollivier ne jure que par la chanson. La plus banale. Il siffle avec engouement les vers les plus mirlitons. La petite chanson de l'été, ça c'est pour lui. L'époque yéyé, il en mange.

Paraculture

L'un des axes fondamentaux de Ollivier c'est son amour démesuré des choses vieillottes, pâlottes, un peu à côté, sa véritable passion pour toutes les formes d'erreur intellectuelles. Une affection sincère pour les perdants.

Peinture

Son amour de la peinture tient sa source de son amitié avec le peintre Bernard Wah qu'il a connu dès la prime enfance. Davertige et Wah sont, me semble-t-il, ses peintres préférés. Il m'a dit, une fois, que la peinture le stimule beaucoup quand il écrit. Dans *Mère-Solitude*, il y a beaucoup de tableaux au sens premier du terme.

Érotisme

On se rencontrait, Ollivier et moi, très souvent, dans un bar du quartier latin de Montréal. Au Faubourg St-Denis. Surtout l'après-midi. Bien sûr, en été plutôt qu'en hiver. Et là, nous parlions de nos projets, des livres à lire tout en regardant passer les jeunes filles. Regarder passer les jeunes filles tout en prenant un verre de vin avec un ami est une des plus intéressantes occupations gratuites de cette époque si vulgairement commerciale. Je ne sais pas si les jeunes filles font ça avec leurs copines. En tous cas, elles devraient.

Le plaisir du texte

Pour moi, qui n'ai jamais lu Barthes, Olliver me fait penser à Barthes. À cause de son cerveau si absolument sensuel. À entendre sa voix grave avec des sonorités caverneuses, on sent que cet homme est dominé par le plaisir. Et le plus grand de tous, celui de faire plaisir.

Portrait (En Fu Manchu) du peintre Bernard Wah

Je l'imagine assis en tailleur, sous une fresque folle, et vaticinant comme cette vieille pythonisse de Bombardopolis jusqu'au petit matin new yorkais bleuté de pollution.

Il lui arrivait immanquablement, vers trois heures du matin, d'échafauder quelques théories insomniaques mêlant sans ordre apparent les rizières de l'Artibonite à l'heure méridienne, les propriétés médicinales de certaines feuilles et ces curieux visages de la mort à la métaphysique tourmentée de nos contes nocturnes.

Ce genre de divagations ne peut plaire qu'à un groupe d'initiés qui regardaient, saouls de cafés, Bernard Wah (1939-1981) déployer son tapis d'Orient au moment où les moins résistants abandonnaient comme éperdus de fatigue. Aigu comme un chat, il virevoltait alors autour de sa pensée (imprécise, balbutiante, désespérée) sans jamais tout à fait la cerner. J'ai passé (fin janvier 1981) ces nuits glaciales de Queens, à pourchasser les petits démons tropicaux qui hantaient ce diable d'homme.

J'ai vu mon premier Wah (on dit un Wah) chez Émile Ollivier. C'est une œuvre curieuse. On dirait un scaphandrier ou un cosmonaute. La bouche scellée comme refusant de livrer un secret, l'unique œil glauque, le nez long, le crâne rasé. En arrière-plan, un paysage volontairement sombre, lunaire même, un énorme œuf bleu. J'ai souvent pensé à cet homme grave et je suis encore effrayé par sa muette interrogation métaphysique.

Il y a un autre portrait (*self-portrait*, 1962) de Wah. Visage long comme un jour sans pain, bouche sensuelle, contour classique, il semble regarder furtivement par une porte entrouverte. Moue ennuyée de jeune homme un peu inquiet. Ce portrait gâté d'académisme est pourtant le pendant du premier, sa face de lumière.

Entre ce jeune Wah, qui aurait entrevu une réponse et le Wah des dernières années, à la fois entêté et désillusionné, il y a un gouffre. À peine vingt années ont suffi à métamorphoser ce jeune homme rêveur en son propre masque. Dès sa jeunesse, il attendait de la mort qu'elle rende éternellement jeune, transfigure le corps par sa pâleur distinguée, permette de rejoindre les mythes de l'enfance.

La mort aujourd'hui nous renvoie à l'œuvre. Heureusement, par bonheur, celle-ci se présente plus dominée, plus cohérente, plus efficace que les vaticinations de Wah. Sa tentative plus désespérée, certes, mais mieux perçue que jamais.

Borges parle quelque part d'un homme dont les multiples pas effectués au cours d'une vie auraient, au bout du compte, formé le dessin de son propre visage. Les toiles de Wah révèlent aussi cette architecture intime et secrète. Chaque ligne recèle l'éclat d'une crise et vivifie sans relâche une hantise. Cet homme, qui ne semble peindre qu'un état de grâce, vit pourtant son art avec la rage folle de l'état d'urgence. Les lignes paraissent interminables, enveloppantes, comme un ruban de Moëbius. Le temps cyclique, grave et lent. De telles interrogations vous garantissent l'insomnie.

D'aucuns parleront de génie, ce mauvais mot allemand, d'autres verront chez lui à cause de cette barbe de vieux bouc (Fu Manchu), une certaine parenté avec ces prophètes de l'Ancien Testament, paillards, sermonneurs et oiseaux de mauvais augure. J'y vois plutôt un homme têtu, borné, limité, qui a du tout inventer. À vrai dire, il n'y a pas grand-chose par chez nous pour un jeune homme dévoré de passion et pris au ventre par la cancéreuse maladie de la perfection. On me dira Hyppolite. Mais l'art d'Hyppolite est si ritualisé, si privé, si parfait en un sens qu'il interdit toute effraction. Le jeune Wah dût, presque seul (comme Davertige), retrouver cette piste à chaque fois perdue. Comme on peut difficilement percevoir les avances de la décomposition dans un corps sain, il est d'autant plus difficile de mesurer la somme de courage et de rage qu'il aurait fallu à Bernard Wah pour essayer, en vingt ans, de construire cette œuvre originale.

En 1962, Wah reprend (en hommage à Rodin) ce mythique penseur, prototype de l'homme occidental. Il peint plutôt un long Nègre nu assis en train de fumer sa pipe sur une énorme pierre taillée. C'est alors un jeune homme émerveillé qui ouvre l'encyclopédie du monde et se passionne de mythes, de constructions cartésiennes, de religions et de métaphysique. Il est studieux et sa curiosité sans borne. On le voit reprendre à son compte tout le vieux discours aristotélicien avec de rares échappées confucéennes.

Sagesse et Adolescence (1953) est cette exécution malheureuse du mythe prométhéen. Plus tard, *Âme Volante* (1969), cet envol de flammèches retrouve la vieille tradition judéo-chrétienne de l'Esprit Saint. Entre ces deux œuvres, *Cavernée* (1969) représente le mythe de l'homme. Wah tente de retrouver le tremblé de la main de l'artiste des grottes de Lascaut. Tout aussi brutalement, il a laissé tomber ces mythes religieux pour retrouver l'homme délivré des dieux. *Des femmes et des gorilles* (1972) est une version périlleuse de la thèse évolutionniste. *Ce trou dans la terre* (1972), plutôt une des formes rêvées de l'Apocalypse.

C'est en 1965 que Wah sortit pour la première fois de son île et cela aura eu des conséquences graves sur son art et sa vision jusque-là livresque du monde extérieur. Il s'est passé alors ce qui se passe pour nous tous: la distance nous rapproche d'Haïti et nous permet de la décanter de sa gangue folklorique. *Ma ville... le totem endormi dans le crépuscule du siècle* (1972), ville d'os en forme d'inscriptions emblématiques. Apocalypse personnelle. Vision morbide d'une ville-tombeau. Il n'aura de cesse de retrouver les raisons profondes, l'algèbre de cette léthargie. Pour Wah, l'Haïtien n'est pas un être folklorique; il est métaphysique.

Sa démarche ronde et complète partant du premier tableau paysagiste pour aboutir à cette dernière œuvre orageuse, délirante, peuplée de démons tropicaux, révèle une certaine grandeur balbutiante. L'effort aura été grand, presque excessif pour un seul homme. Pour la peine, il nous reste l'un des rares miroirs psychiques qui nous a été tendu. Deux ou trois choses que je retiens d'une vie douloureuse et mouvementée: le temps circulaire, les équilibres secrets et cette tentative désespérée de retrouver l'homme nu.

On a cette révélation devant sa *Tryptique*. Bernard Wah, mort en août 1981 à New York, aurait voulu être jugé sur cette œuvre.

Syto Cavé : le jeune homme triste de la maison rose

J'allais souvent voir Syto Cavé quand il habitait cette belle maison rose à Queens, près de Kew Gardens. Il y a un parc, tout à côté, et je me souviens que ma fille refusait le soir de partir. Personne n'arrivait à la convaincre que ce parc serait encore à la même place le lendemain. La fille de Syto Cavé s'appelle Sereine et elle n'est pas très calme pour autant.

Les gens, surtout les femmes, n'arrêtaient pas de regarder avec complicité ces deux hommes qui se promenaient dans le parc avec leurs filles.

Dans la maison rose, il y avait toujours des amis, des fous rires, des fleurs, des jeunes filles un peu fofolles, des garçons loufoques, des musiciens, des poètes, des comédiens.

C'était une maison bien éclairée, pas en bordure de trottoir, avec des chambres assez larges qu'on pouvait utiliser pour se reposer ou pour écrire.

Les hommes faisaient la cuisine et les femmes, la conversation. On était souvent au salon à bavarder. La plupart des meubles, Syto les avait ramassés dans le coin. Les riches n'hésitent pas à jeter à la poubelle des fauteuils encore neufs.

Chaque soir était fête. On pouvait voir par la fenêtre ce magnifique coucher de soleil. Un de ces couchers de soleil qui nous brûlent les yeux à force de beauté. Merveille de cuivre en fusion. Spectacle incroyablement délicat créé par la pollution. Il n'y a que le smog new yorkais pour engendrer de magnifiques couchers de soleil.

On pouvait croiser, bien sûr, Max Kénol, Jean-Max Calvin, Bob Garoute ou Jeanine Tavernier. Syto Cavé écrivait, à l'époque, des nouvelles assez bizarres, très curieuses, où il était question de vieilles dames, de demoiselles surannées, d'enquêtes policières surréalistes. J'ai beaucoup aimé ces histoires et j'espère les voir éditer un jour.

Au fond, Syto Cavé a toujours été passionné de théâtre. Un théâtre caricatural, parodique et carnavalesque. Ce qu'il aime, avant tout, c'est observer les gens pour arriver à les contrefaire. Il imite la part féminine chez les hommes et le masculin chez les femmes. Mais cette contrefaçon ne se fait jamais sans une certaine tendresse.

Cavé, c'est un tendre.

Je le croyais heureux, il était malheureux, triste, inquiet et sûrement désespéré. Il aime les choses démodées, désuètes, défuntes.

Cavé, c'est un sentimental.

Je l'ai revu, il y a une semaine, à Montréal. Il était venu avec Hervé Denis, Jean-Max Calvin, Max Kénol (l'ami de toujours), et Antonio Wah présenter sa pièce: *Kavalye Polka* (1984).

J'aime voir ce qui se passe derrière la scène. J'ai donc été voir Syto Cavé, le matin de la représentation. On arrangeait la salle. Il fallait trouver une chaise roulante, une paire de chaussures, bref des accessoires. Ils avaient trois heures pour monter un décor. Ce n'était visiblement pas suffisant. Alors Hervé Denis a fait tout annuler. Il n'y aura pas de décor. Sauf un poteau blanc. *Kavalye Polka* possède les défauts et les qualités de Syto Cavé. C'est d'abord l'histoire d'une amitié particulière entre deux mendiants. L'un, Lauréal (sur un fauteuil roulant) et l'autre, Fatal. Lauréal refuse sa condition, il la trouve indigne de lui. Fatal n'est pas du genre à ruminer des inquiétudes métaphysiques. On pense irrésistiblement au Quichotte. Lauréal est bien le chevalier à la triste figure et Fatal, le brave Sancho Panza. La scène des cerfs-volants ressemble à celle des moulins chez Cervantès. Le miroir (la scène fondamentale) où Lauréal refuse de voir la réalité en face. C'est toujours chez Cervantès comme chez Cavé (quelle comparaison flatteuse pour Cavé), l'histoire d'un homme qui refuse la place qu'on lui a assignée. Fatal, lui, c'était fatal. Mais Lauréal refuse sa condition parce que tout simplement ce n'est pas sa place, ici. Il n'est pas né mendiant. C'est un malheur qui lui est arrivé, c'est un homme très fier, pathétique, ridicule. Ce qu'il dit paraît abominablement conservateur, artificiel, prétentieux, mais sa douleur est réelle. Ce qui se passe entre Lauréal et Fatal, ce n'est pas seulement un échange de services, c'est quelque chose d'absurde et de si rare aujourd'hui qu'on appelle l'amitié. Et l'amitié est l'axe fondamental de Syto Cavé.

Le défaut de la pièce est aussi partie intégrante de Cavé. C'est la poésie, disons trop évidente. Remarque, dès qu'on montre la poésie du doigt, elle s'enfuit. La poésie se trouve dans les dialogues terribles, cyniques, méchants. La poésie était là quand Fatal ronflait (ronflements et douleur). La poésie palpitait encore dans cette image en sépia de Lauréal assis sur son fauteuil roulant tandis que Fatal, derrière lui, tenait un parapluie au-dessus de sa tête. Ce sont des impressions fugitives, fugaces, futiles. La poésie n'est jamais là quand on croit la tenir (dans les monologues).

Syto Cavé nous a montré ce qu'on peut faire avec un matériel léger quand on a plus que du talent. Une douleur, là au creux. Deux acteurs et un metteur en scène, un décor sobre et deux ou trois obsessions. On voit bien là le signal d'un mouvement vers de nouvelles formes théâtrales en Haïti.

J'ai rappelé à Syto Cavé cette maison rose si pleine de joie. Pour lui, c'était plutôt la maison rose amer. Ainsi, le beau jeune homme de la maison rose n'était pas heureux. C'est grâce à cette tristesse que nous avons aujourd'hui ce magnifique *Kavalye Polka*.

Martha la passionaria

Je l'ai rencontrée, il y a deux ou trois ans, chez Émile Ollivier et j'ai gardé le souvenir d'une dame exquise. De grande taille, les traits du visage assez doux, un léger accent chantant (son long séjour à Cuba) et surtout une voix posée, caressante, maternelle. Justement, ce jour-là, elle parlait de ses enfants, de ses angoisses de mère, des études de sa fille et elle en parlait avec cet arrière-fond d'émotion et d'orgueil qu'on a tous en parlant de nos enfants. Surtout quand nos enfants nous donnent satisfaction. Martha était douceur, sucre et miel. C'était Martha la Mama.

Quelques jours plus tard, chez Mireille Métellus, ce fut une autre femme. La voix enjouée, l'air malin, les yeux brillants de malice. Elle n'arrêtait pas de raconter. C'est une merveilleuse conteuse. Elle fait tous les gestes, elle prend toutes les attitudes qu'exigent les personnages de l'histoire qu'elle est en train de mimer. Elle peut imiter la voix d'un enfant, d'un animal, d'un homme, d'une femme ou d'un intellectuel. Alors ses yeux sont à ce moment ceux d'un enfant préparant un mauvais coup. Je crois que raconter des histoires drôles est l'une des joies de Martha Jean-Claude dans la vie.

Naturellement, elle ajoute toujours une sorte de morale, en conclusion. Et, là, c'est la Martha militante. Il faut dire qu'elle n'est pas emmerdante pour deux sous. Je me souviens de sa merveilleuse réplique au Café Thélème. Comme on lui demandait de faire la différence entre Haïti et Cuba, elle avait répondu: «Je ne suis pas venue ici vous parler de politique, mais vous parler plutôt de la vie». Comprenez bien, elle voulait dire qu'elle n'était pas ici pour faire de la propagande. Quelqu'un qui a dit ça emporte mon admiration pour toujours. Je suis heureux qu'une aussi grande artiste haïtienne soit d'une telle sensibilité, d'une intelligence si raffinée. La véritable intelligence: celle du cœur et de la vie.

Et elle (Martha Jean-Claude) était vendredi dernier à la Place des Arts (l'équivalent montréalais du Lincoln Center). Mon Dieu, quelle déception! Au lieu de la Martha grandiose que je gardais en moi, je voyais une dame sans passion essayer de tout faire pour plaire à un public assez froid. Quel mauvais spectacle de variétés, elle nous a donné! Quelle voix de fausset! Où est-elle passée, ma majestueuse déesse? Qu'en a-t-on fait? Je refuse de faire la moindre description de sa participation. Je ne veux même plus y penser.

Par contre, il y a eu de bonnes surprises. D'abord, Nicole Arcelin. Bien sûr, Nicole Arcelin n'a aucun sens du rythme (elle bouge son corps de manière affreuse), bien sûr elle en fait trop (ses mouvements du bras sont gauches et maladroits), mais il y a une chose qui est aujourd'hui acquise: Nicole Arcelin est une chanteuse importante. Sa voix est riche, son accent sûr et elle a du cœur au ventre. C'est une femme d'un courage inouï. Je dis qu'elle est courageuse parce que je n'en reviens pas: elle a chanté en duo avec Martha Jean-Claude. Et elle ne s'est pas retrouvée en petits morceaux sur la scène. La moitié de la salle était prête à la huer à la première maladresse. Parce que Nicole ne fait pas l'unanimité. Et elle a affronté la plus grande chanteuse haïtienne vivante. Elle lui a tenu tête. J'en suis abasourdi. C'est rare un tel courage. J'imagine Nicole Arcelin, la veille de ce combat. Quelle nuit! Elle savait bien qu'on ne lui aurait pas pardonné cette impertinence. Rien d'autre que son talent ne pouvait l'aider. Heureusement que les Haïtiens ont un énorme respect pour le courage et le talent. Au stade Sylvio Cator, on peut applaudir son ennemi juré s'il fait preuve de talent et de courage. C'est dans la tradition haïtienne. Je me souviendrai longtemps de ce combat. Il ne faut pas croire que Nicole Arcelin a remporté la moindre victoire sur Martha. Elle a remporté une victoire sur toux ceux qui la croyaient incapable de chanter le folklore haïtien.

Louinès Louinis et sa troupe ont eu un succès populaire. Je ne connaissais pas cette troupe. Et j'ai été agréablement surpris. Bien sûr, c'est toujours la mode folklorique: le tambour au centre et les danseuses autour dans cette folie des corps. On peut être réticent aux clichés pratiquement incontournables de cette production, mais la vitalité des danseuses ne peut laisser indifférent. Ce qui m'a surtout impressionné, c'est la nuance nouvelle apportée par la mise en scène de Louinès Louinis. Il y a ce désir de faire du neuf avec du vieux. Et c'est aussi ça, l'art.

Georges Rodriguez et son tambour. Rodriguez est un être minuscule. On le dirait ciselé. Le corps bien proportionné. Les traits du visage si doux qu'on aurait dit celui d'une femme. La voix légèrement soprano et les doigts de la main fins. Rodriguez n'a pas une main de tambourineur comme on l'aurait imaginée large et épaisse. Mais Rodriguez est un musicien fin, subtil et raffiné. Avec des moments très vigoureux. C'est le tambourineur haïtien le moins macho. Ce n'est pas la force qui prime chez lui. Plutôt l'astuce, la ruse et stratégie. C'est un tambourineur stratège. Là où certains croient épater avec la force, Georges Rodriguez utilise un art tout en subtilité et en douceur. Généralement, on écoute le tambour avec son ventre. Rodriguez nous le fait écouter aussi avec notre tête. C'est un concertiste. Ses changements de rythme sont si raffinés qu'il faut une bonne attention pour les déceler. Rodriguez nous a donné un spectacle solo d'une virtuosité rare. C'est un homme sans concession. New York et Miami auraient intérêt à mieux le connaître, ce jeune maître.

Tout compte fait, le spectacle de la Place des Arts était bon grâce à la diversité des talents présentés. Il a bénéficié du concours non négligeable du metteur en scène Roland Paret et du chorégraphe Eddy Toussaint.

Revenons une dernière fois à Martha Jean-Claude. C'est une grande dame de la chanson et j'espère qu'elle nous reviendra, ou mieux (comme m'a dit quelqu'un) j'espère la voir chanter au stade Sylvio Cator un jour. Le jour de la libération. Cela fait trop longtemps qu'ils l'attendent, là-bas.

P.S.: Martha Jean-Claude est décédée en novembre 2001 à Cuba à l'âge de 82 ans.

Philomé Obin : le vieux naïf est un renard

Je vais vous raconter deux anecdotes et je vous prie de me croire malgré leur caractère invraisemblable.

Je me promène dans le quartier de Barrières Bouteilles, au Cap Haïtien, à l'entrée de la ville. Pour ceux qui connaissent le Cap, c'est une zone animée (camions, marchandes, porte-faix, mendiants). Justement, il y a un mendiant aveugle qui se tient près d'une banque de borlette avec un chien qu'il houspille. Il l'appelle Duvalier. On lui demande pourquoi? Il me mène n'importe où et cela contre ma volonté. Les gens protestent, lui disant que le chien lui rend tout de même de fiers services, donc qu'il ne mérite pas une telle insulte. Je crois que pendant longtemps le mot Duvalier restera la pire insulte haïtienne.

L'autre anecdote s'est passée près du marché La Parisienne. Le marché et la boulangerie du même nom appartiennent à un certain Cléomin Jean-Pierre. Fondée le trois septembre 1947 (avec trois sacs de farine de cent livres), la Boulangerie La Parisienne est une institution respectée du Cap. Tôt ce matin, le bruit circule que le marché sera pillé aux environs de midi. Pourquoi? Naturellement, j'étais tout près avec mon carnet de reporter. Un mendiant m'accoste. Il me demande de l'argent. Je n'en ai pas. Alors, il me dit ceci: «Je comprends ça, mon fils, puisque Duvalier est parti avec tout l'argent». Et je n'invente rien.

Le marché n'a pas été pillé. Je suis rentré à mon hôtel parce que j'avais rendez-vous avec Jean-Claude Charles et Jean-Claude Compas pour aller voir le peintre Philomé Obin.

Il y a trois monuments à voir dans le Nord: la vieille cathédrale du Cap, la Citadelle et le peintre Philomé Obin. Vous pouvez demander l'adresse de Obin à la première personne que vous rencontrez. Il habite la même petite maison depuis sa naissance, c'est-à-dire depuis 1903. Quand vous habitez la même maison depuis quatre-vingt-trois ans, il est fort possible que vos voisins vous connaissent. Obin c'est le vieux peintre que les gens viennent voir de partout. Il a commencé à peindre à l'âge de treize ans. C'est un travailleur acharné (dix heures par jour). Mais aujourd'hui, il commence à se fatiguer un peu et ne peint que trois heures par jour. Philomé Obin nous a reçus cordialement. Il a des manières très raffinées. Il nous fait pénétrer dans un petit salon légèrement éclairé. Des photographies au mur, une vieille armoire et quelques fauteuils.

Philomé Obin est un peu cassé à la taille. Il marche doucement, mais son cerveau fonctionne mieux que celui d'un homme dans la trentaine. Après les présentations, Obin nous demande de passer dans une autre pièce plus éclairée avec des tableaux accrochés au mur. Des tableaux de presque tous les Obin. Ils sont huit dans la dynastie (Philomé, Sénèque, Antoine, Télémaque, Donald, Michaelle, Paula, Claude). Ils ont tous à peu près le même style. Un style sobre, dépouillé et une forte propension pour les thèmes historiques. Mais Philomé, c'est le maître et il le fait savoir. Il a fondé une école de peinture qui a son label. L'école du Cap.

J'ai découvert cette école il y a une quinzaine d'années au Centre d'Art de Port-au-Prince. La plupart des peintre haïtiens choisissent pour thèmes: le vaudou, les marchés et les scènes de la vie quotidienne. Et les peintres couvrent toute la toile de leur sujet. Sauf les Obin. C'est une peinture plus austère, aristocratique même. Et ce qui est complètement différent, tout à fait auto-biographique.

Philomé Obin choisit souvent les membres de sa famille pour thème. Il y a une toile où l'on voit Philomé Obin assis chez lui avec son frère Sénèque. Une toile montrant Obin en train de regarder par la fenêtre. Et cet auto-portrait est accroché chez lui. Et fait encore rare dans la peinture haïtienne, il écrit sur ses toiles. Il n'y a que le maître Hector Hyppolite qui le faisait. Chez Obin, c'est systématique. Il l'a fait sur cette fameuse toile montrant Rosalvo Bobo assis au milieu de l'élite capoise en train de regarder passer les blessés. Il écrit sur ses toiles comme sur un cahier d'écolier. Obin est un peintre intellectuel, il ne peint pas avec le ventre, mais avec la tête. C'est une peinture grise comme la matière du cerveau. J'aime l'austère élégance de la peinture de Obin. Et c'est aussi pour cela que Obin ne perd jamais le Nord. L'immense succès qu'a connu son œuvre ne l'a jamais détourné du fait que la peinture est une profession comme une autre et qu'il doit nourrir sa nombreuse progéniture.

Nous sommes dans son salon à causer depuis quelque temps et Obin commence à s'impatienter. Il n'y a sur son visage aucune trace de lassitude, mais il se demande s'il n'est pas en train de perdre son temps. Il prend à part Jean-Claude Charles et s'inquiète – «mais qu'est-ce qu'ils veulent?». Il veut savoir si nous achetons ou pas. Il n'entend pas perdre son après-midi à parler peinture. Obin ne parle pas peinture, il peint. Et c'est parce qu'il a peint dix heures par jour pendant cinquante ans qu'il est devenu, aujourd'hui, le plus grand peintre vivant haïtien.

Adieu au centième

Me voilà à la fin de cette chronique. En arrivant ici, je m'étais promis de ne passer qu'un an. Là, je suis au bout de ma deuxième année. Cela me fait une centaine d'articles. Je crois bien que ça suffit. Pour au moins deux raisons.

Tout d'abord – et c'est la raison majeure – je crois qu'une telle chronique ne doit être tenue que par un observateur vivant en Haïti. J'aurais aimé que la liberté dont j'ai bénéficié ici aille à un jeune écrivain vivant en Haïti. Et je connais beaucoup de jeunes hommes et de jeunes femmes capables de signer cette chronique. Et je lirai avec plaisir et intérêt toutes les semaines un article d'observation de la vie quotidienne à Port-au-Prince, à Jacmel, à Jérémie, à Ranquitte ou à Anse-à-Foleur. Nous nous inquiétons tous aujourd'hui à savoir ce qui se passe au Palais national, ce que va dire Namphy ou Régala ou Mgr. Gayot, alors que l'important se passe peut-être ailleurs: dans les marchés publics, dans les petites villes, dans les bidonvilles, dans les rues.

Il y a dix, cinq ou même trois ans, personne ne pouvait prévoir que la fin de Duvalier serait ainsi. Peut-être que personne aujourd'hui encore ne connaît l'issue de cette affaire où nous jouons tous notre vie. Et si c'était ailleurs qu'au palais présidentiel que cela se jouait, pendant que nous gardons bêtement les yeux fixés sur le palais? Et si beaucoup plus de choses que nous pensons avaient changé sans même que nous le sachions? Et si le Conseil de gouvernement n'était que l'arbre qui cachait la forêt?

Il nous faut le savoir. Et pour cela, quelqu'un en Haïti doit s'en charger. Il doit avoir les mains libres, disons carte blanche pour aller ailleurs dans le peuple, observer, interroger, noter et rapporter les différents changements perçus dans cette nouvelle société.

J'avais dit que je terminais cette chronique pour plus d'une raison. Eh bien, l'autre c'est parce que mes articles devenaient décidément trop mauvais. Je sais bien que certains pensent qu'ils l'ont toujours été. Mais, je crois, dans ma vanité d'auteur, avoir eu aussi quelques intuitions heureuses. Un jour, comme ça, nous nous reverrons ici même. Qui sait?

Table des matières

Présentation : Dany, quand il n'était pas Laferrière	7
Une série d'instantanés	10
Ma première chronique (20 - 27 avril 1984)	32
Leçon de style (3 - 10 août 1984)	35
À 31 ans, j'apprends à conduire (24 - 31 août 1984)	38
Fiction : Karol et les douze (21 - 28 septembre 1984)	41
Censure (18 - 25 janvier 1985)	45
Père et fille (8 - 15 mars 1985)	47
Éloge de la paresse (12 -19 avril 1985)	50
Le Mulâtre broie du Noir (18 - 25 octobre 1985)	53
Mais où sont les Mulâtresses? (II) (25 octobre - 1er novembre 1985)	56
1986 : L'année de virage (3 - 10 janvier 1986)	59
Un autre pays (14 - 21 février 1986)	61
Désespéré à tuer (4 mai - 11 mai 1984)	63
New York : les frères Laraque (13 - 20 juillet 1984)	66
Un dimanche chez le coiffeur (14 - 21 septembre 1984)	70
New York/Montréal. Un voyage délirant (10 -17 août 1984)	73
Queens : Lady's Night (26 octobre - 2 novembre 1984)	78
Miami : le sourire de la cuisinière (28 septembre - 5 octobre 1984)	81
Identité : Mort d'homme (19 - 26 octobre 1984)	85
L'église doit se méfier de sa trop grande force (28 mars - 1er avril 1986)	87
Trois générations de femme (29 juin - 6 juillet 1984)	90
Montréal amorce le virage (23 - 30 novembre 1984)	93
I Am Black and I Am Proud (1ᵉ - 8 novembre 1985)	96
L'amour est une question de temps et d'espace (1er - 8 juin 1984)	99
Danser sa vie (5 - 12 octobre 1984)	100
Créole : Les illusions perdues (9 - 16 novembre 1984)	106
Le fauteuil présidentiel (7 - 14 juin 1985)	110
La nouvelle génération 85 (21 - 28 juin 1985)	113
Je n'irai pas à la Tortue : Trop lâche pour ça, camarade! (11 - 18 octobre 1985)	117
Carnet de voyage / Il fait trop chaud à Miami (5 - 12 juillet 1985)	120
Vol au-dessus d'un nid de coucou (12 -19 juillet 1985)	123
Jeunes Haïtiens à Freeport (2 - 9 août 1985)	126
Le jeune homme déjà vieux et la jeune héroïne (16 - 23 août 1985)	129
Les camps de travail (30 août - 6 septembre 1985)	132

Portraits croisés : Max et Marcus (20 - 27 septembre 1985)	136
Portrait d'un journal (26 juillet - 2 août 1985)	139
Manger sa vie (27 - 4 mai 1984)	142
Cinéma : La rue Cases -Nègres (15 - 22 juin 1984)	145
Allez voir Canne amère (16 - 23 novembre 1984)	148
Portrait : Manno Charlemagne (18 -25 mai 1984)	151
Gaillard : le plus grand de tous (7 - 14 septembre 1984)	154
Brierre : le syndrome jérémien (2 - 9 novembre 1984)	158
Danger : Le plaisir de détruire (30 novembre - 6 décembre 1984)	162
Méditation à Noël (4 - 11 janvier 1985)	165
Jean-Claude Charles : Un style (11 - 18 janvier 1985)	168
Portrait du poète en chou-fleur (22 février - 1er mars 1985)	171
Ce bon gros Franck (29 mars - 5 avril 1985)	174
Émile Ollivier : profil perdu d'un aristocrate (3 - 10 mai 1985)	177
Portrait (En Fu Manchu) du peintre Bernard Wah (17 - 24 mai 1985)	180
Syto Cavé : le jeune homme triste de la maison rose (28 juin - 5 juillet 1985)	183
Martha la passionaria (7 - 14 février 1986)	186
Philomé Obin : Le vieux « Naïf » est un renard (4 - 11 avril 1986)	189
Adieu au centième (2 - 9 mai 1986)	192

Les photographies proviennent des archives suivantes: Mémoire d'encrier, CIDIHCA, Île en île et Famille Laferrière.

Achevé d'imprimer au Canada en octobre 2005
par Transcontinental Métrolitho
pour le compte des éditions Mémoire d'encrier.